T0162315

Vivir Consciente

Vivir Consciente

Una Guía para la Transformación Espiritual

Swami Rama

Himalayan Institute Hospital Trust
Swami Rama Nagar, P.O. Doiwala
Distt. Dehradun 248140, Uttaranchal, India

Publicado originalmente con el título: *A Personal Philosophy of Life*. Traducido del inglés por la Asociación cultural para el Estudio del Yoga. MADRID.

Edición: Prakash Keshaviah, Ph.D.
Diseño de la cubierta: Connie Gage

© 2005 by the Himalayan Institute Hospital Trust
Primera edición en español 2005
Impreso en los India
ISBN 8-188157-33-3
Library of Congress Control Number: 2005924087

Publicado por:

Himalayan Institute Hospital Trust
Swami Rama Nagar, P.O. Doiwala
Distt. Dehradun 248140, Uttaranchal, India
Tel: 91-135-2412068, Fax: 91-135-2412008
hihtsrc@sancharnet.in; www.hihtindia.org

Distribuido por:
Lotus Press
P.O. Box 325
Twin Lakes, WI 53181 USA
lotuspress@lotuspress.com; www.lotuspress.com
800-824-6396

Índice

Indice de Contenidos

Agradecimientos

Queremos expresar nuestra gratitud al Sindhu Mandir por organizar las conferencias de Swamiji en Singapur y a Mohan y Shanta Ramchand por grabarlas, a Wesley Van Linda por editar la serie de conferencias grabadas y por su ayuda en la producción de este libro, a Connie Gage por el diseño de la cubierta, y a los miembros de la Asociación Cultural para el Estudio del Yoga en Madrid por traducir este libro al español.

Prefacio

Este es un libro práctico, dirigido a la gente que vive en el mundo. La palabra "práctico" implica que la enseñanza puede ser practicada en el mundo, en medio de la vida familiar, laboral y social. No se requiere ninguna preparación previa para leerlo y después no se requiere más enseñanza. Si alguien practicase con total sinceridad las enseñanzas ofrecidas por Shri Swami Rama en este libro, es seguro que lograría alcanzar la meta de la Plena Realización, un estado que Swamiji describe como el sumum bonum de la vida, un estado de bienaventuranza y de perfección.

Este libro se basa en nueve conferencias dadas por Swamiji en Singapur en 1991 y 1992. Estas conferencias fueron grabadas, transcritas y reorganizadas para su edición en los nueve capítulos de este libro. Se ofrece, como complemento del mismo, seis de estas nueve conferencias en cassettes en inglés. Para la edición de este libro se ha puesto especial cuidado en preservar la espontaneidad del estilo de enseñar de Swamiji. Esto se ha hecho incluso a riesgo de ofender a los puristas de la gramática y de la sintaxis. A medida que progrese en la lectura, queremos que el lector sienta la presencia de Swamiji, que saboree sus palabras y se deje invadir por su alegría.

Con su forma muy práctica de encarar la vida, Swamiji nos enseña cómo preservar la salud e impedir la enfermedad, a base de hacer del cuerpo un instrumento en forma, para lograr el propósito de la vida. Por eso empieza por hablar de los cuatro instintos básicos de la vida: la comida, el sueño, la auto-preservación y el sexo y nos habla del cuerpo y de la respiración antes de tratar en profundidad la mente, las emociones y las relaciones personales. Termina describiendo cuatro caminos de práctica espiritual para que podamos seguir uno cualquiera de ellos, según nuestro temperamento, para alcanzar la meta de la Plena Realización. Los cuatro caminos son: el de la oración, el de la contemplación, el de la meditación y el de la acción desinteresada. En la mayoría de los casos, es una síntesis de los cuatro lo que nos permite progresar.

En todo el libro, Swamiji enfatiza que tan sólo se necesitan de diez a veinte minutos, dos veces al día, para practicar una disciplina sencilla que incluye una postura correcta, una respiración correcta, una relajación paulatina y la meditación. Aunque sencilla, una práctica regular de estas técnicas nos permitirá tener experiencia de la quietud del cuerpo, del aliento, de los sentidos, de la mente y de las emociones, esta quietud es la que emana de la profundidad de nuestro Ser, de Atman, nuestra alma. Esta quietud nos aísla del tumulto y del estrés del mundo exterior y nos permite funcionar en el mundo de forma creativa, hábil, desinteresada y amorosa. Ésta quietud, poco a poco, llega a acompañarnos constantemente, recordándonos que Dios reside en nosotros y que todos somos sus templos vivos. Swamiji dice: "El mayor milagro es que la Infinitud reside en vosotros.

Sois una vasija finita y estáis transportando el Infinito. Esto es lo más maravilloso".

Prakash Keshaviah. Ph. D., Editor
21 de mayo de 2001
Himalayan Institute Hospital Trust
Jolly Grant, Dehradun, India

Capítulo I

Una Filosofía Personal de la Vida

He venido para compartir con sinceridad mi alegría con vosotros. Digo que, vosotros, seres humanos, de entre todas las especies que pueblan la tierra, sois los más grandes. Y sois los más grandes porque podéis cambiar vuestro destino, podéis construir vuestro destino, podéis ser vuestra Luz. Las demás especies no tienen este privilegio. De entre el reino animal, el reino vegetal, el de las rocas y la arcilla, tan sólo vosotros tenéis este privilegio. ¿Por qué no disfrutáis de este privilegio?. He venido a recordároslo. ¿Habéis visto la guardia nocturna?. Circulan y dicen: "¡Permaneced despiertos, permaneced despiertos!" Pero, os quedáis dormidos. Soy como esta guardia. *¡Uttishtata, uttishtata!* ("¡Despertad!") *Jagrata* ("¡Permaneced despiertos!") *Prapta varanya bodhasa* ("¡Ganad Conocimiento!") Tal es mi mensaje al mundo. Sé que el mundo está dormido, sin embargo, lo tengo que decir, porque tal es mi deber, mi labor. Si no lo hago, no puedo ser feliz. Nosotros, seres humanos, todos nosotros, tenemos por nacimiento el derecho de alcanzar la meta final de la vida, y tarde o temprano llegaremos a esa meta. Así que tened buen ánimo. Pero ¿tenéis la paciencia de esperar tanto tiempo?. Yo no.

Voy a intentar hablar de toda la filosofía de la vida en estas conferencias. Necesitamos entender una sola palabra y ésta es: libertad. Libertad de toda esclavitud, de toda ignorancia. Este estado que está libre de estrés, de contradicción, de atadura y de ignorancia, se llama la Iluminación y se puede considerar que es el estado de perfección.

¿Cuál es el propósito y la meta de la vida?. ¿Creéis que os voy a decir: es Dios?. No, porque esto no es práctico. La meta y el propósito de la vida es el contentamiento y para esto necesitáis ajuste. ¿Podéis ajustaros mental y físicamente, y en vuestra forma de hablar, y así ser felices?. ¿Qué se entiende por contentamiento?. Siempre digo: "No estéis satisfechos y sin embargo, permaneced contentos". El contentamiento es una gran virtud que podéis desarrollar en vuestra vida diaria. Si no hay contentamiento, tanto hablar de Dios no os sirve de nada, os lo aseguro. Repetir: Dios, Dios, Dios... sin entender nada, es un desperdicio de tiempo y energía. No soy un ateo, pero he aprendido a analizar las cosas con claridad mental. Así es el entrenamiento que recibí. Y es lo mismo que os estoy enseñando ahora.

Podéis decir que el propósito de la vida es llegar a Dios. Yo digo que no. En mi niñez un día fui a ver a mi Maestro, un gran yogui y sabio de Bengal, que vivió muchísimos años en el Himalaya, y le dije: "Mi corazón llora porque no me has enseñado a Dios y así pienso que mi vida no vale para nada". Él se calló y luego dijo: "Sigue". Le dije: "Quiero ver a Dios". Él respondió: " ¿Quieres ver a Dios?. ¿Estás seguro?" "Sí". le dije. Entonces me aseguró: "Mañana por la mañana te enseño a Dios". Aquella noche no conseguí dormir. Estaba lleno de alegría aunque de vez en cuando me asaltaban dudas. Por la mañana estaba cansadísimo. Me bañé y me convertí en un chico lleno de santidad, haciéndole reverencias a mi Maestro porque me iba a enseñar a Dios. Él me preguntó: "¿Qué te pasa hoy?. ¿Por qué tanta reverencia?" "Es porque hoy me vas a enseñar a Dios". Él dijo: "Es verdad que te lo prometí y voy a ser muy sincero contigo, pero tú has de ser también muy sincero conmigo". Se lo prometí. Entonces me preguntó: " Dime, ¿qué clase de Dios quieres ver?" No salía de mi asombro y le pregunté si había muchas clases de Dios. Me contestó: "No, pero quiero saber qué concepto de Dios tienes tú en la mente".

Toda la vida queréis encontrar a Dios, pero no tenéis un concepto claro de Dios. Así que ¿Qué clase de Dios vais a encontrar?. Para encontrar a Dios unos cantan himnos, otros meditan, otros leen y hablan de éstas o de aquellas Escrituras. Pero nadie ve a Dios. Esto es simple bla, bla, bla ¿Por qué?. Porque lo que hay que tener es un concepto claro y luego aprender a Trabajar hacia este concepto. Sólo entonces ocurre.

Le dije a mi Maestro. "Esto quiere decir que ayer me tomaste el pelo. Prometiste enseñarme a Dios y esta mañana me preguntas qué clase de Dios quiero ver". Me contestó: "Mira, lo que te prometí fue enseñarte la clase de Dios que quieres ver. Piénsatelo. Te doy tiempo. Puedes venir cuando quieras a decírmelo y te lo enseñaré". Me quedé mudo, como vosotros ahora. Queréis ver a Dios sin saber lo que Él es y por eso nunca lo veis. Si de repente apareciese ante vosotros, no lo reconoceríais. De modo que si no hay claridad de mente, no hay pureza de corazón y la vida entera está llena de confusión ¿Qué queréis decir con esto de "ver a Dios?" ¿Estáis en paz, felices, vuestra vida está equilibrada, estáis alcanzando la meta de la vida?. Estos son los puntos cruciales.

Así que, media hora después, mi Maestro me preguntó "¿Has decidido qué clase de Dios quieres ver?" "Todavía no", le contesté. "Entonces, decídete y después ven a verme". Al día de hoy todavía no me atrevo a decir que me he decidido.

Si un swami, un sacerdote, un yogui o un profesor o vuestro gurú viene y os pregunta "Hijo, ¿qué quieres?, ¿qué quieres saber?". Hay tantísimas cosas en vuestra mente y en vuestro corazón que no sabéis qué decir y, por ejemplo: ser millonario, no se lo vais a decir. Así que le decís: "Quiero ver a Dios". Hay una Ley que dice: Cualquier ser humano que hace a Dios responsable de sus propias responsabilidades invalida las capacidades humanas. No querer cumplir con el propio deber y pedir a Dios que lo haga todo por ti, no es buscar la Verdad y significa negarse a utilizar los dones otorgados por la Providencia.

No entendemos lo que Dios es, no alcanzamos la Iluminación, no podemos ver a Dios. Aunque lo deseemos, nada de esto va a ocurrir. No nos engañemos. Hay cosas que hemos ido repitiendo sin entender por qué. Decidme: ¿Cuál es el propósito de Dios en vuestra vida diaria?. Cuando necesitáis comida, no coméis a Dios. Cuando queréis llevar ropa, necesitáis ropa, no necesitáis a Dios. ¿Dónde necesitáis a Dios en vuestra vida?. Entendamos las cosas correctamente.

Esta vida humana es muy valiosa. No es como la vida animal. Las actividades animales están completamente controladas por la naturaleza. No pueden hacer nada. En el reino animal nada ocurre por elección. Pero, como seres humanos, podemos hacer cosas tremendas, maravillosas. Tenemos el poder de elegir y de cambiar. Tan fácilmente como podéis girar la cabeza de un lado y luego del otro, podéis cambiar. Podéis transformar vuestra personalidad completamente. Se trata de algo muy sencillo con tal de que seáis prácticos y sinceros con vosotros mismos. Pero soléis vivir basándoos en cómo el mundo os juzga. Si una mujer, por ejemplo, vive pendiente de lo que su marido le dice, el día en que la alabe verá el cielo abierto y el día que la critique, se hundirá. Esta gran fuerza llamada la feminidad no se ha utilizado nunca de forma correcta, tan sólo se la ha explotado y esto es una de las causas de sufrimiento en esta tierra. Por favor, tratad de entender esto que os estoy diciendo.

Quiero daros un atisbo de vuestro ser individual, porque hay muchísimas nociones falsas. Cuando un ser humano sufre, este sufrimiento no depende de fuerzas externas, no depende de los demás. El sufrimiento tiene por causa su propio modo de pensar, de entender. Así que de esto vamos a hablar. Tenemos muchos miedos diferentes en nuestra vida. Hablamos de Dios, cantamos sus alabanzas, estudiamos las Escrituras, vamos a los templos o iglesias. Sin embargo nuestra ignorancia permanece. No hay ningún cambio en nuestra vida diaria, en nuestra conducta. ¿Cuál es la razón?. La razón es que desde la más tierna infancia estamos entrenados a mirar y a examinar las cosas del mundo exterior. Nadie nos enseña a mirar dentro, a encontrar en nosotros mismos, a ver dentro de nosotros. De modo que seguimos siendo extraños a nosotros mismos y sin embargo queremos conocer a los demás, ¿no es un poco raro?.

Así que primero, un ser humano debería aprender a entenderse y a conocerse a todos los niveles, y después podrá conocer y entender a los demás y sobre todo al Ser en todos. Podrá entender este Ser Absoluto que es la Verdad Absoluta. Tal es el sistema correcto y para eso hay tres escuelas: la de la meditación, la de la contemplación y la de la oración. Si aprendéis a comprender lo que es la oración, podéis fácilmente evocar vuestro ser emocional y alcanzar este nivel de éxtasis. Si entendéis la filosofía de la vida a través de la contemplación, podéis llegar a la meta de la vida. Si entendéis la escuela de la meditación y meditáis de forma sistemática, podéis llegar al cuarto estado que se llama "sueño sin sueño" y podéis alcanzar la meta de la vida. Pero si practicáis la meditación unos pocos días, la contemplación unos pocos días y la oración lo mismo, y finalmente decidís que ninguna de las tres os va, no vais a alcanzar nada. El hecho es que nos creamos barreras, límites y problemas, a base de miedos y de confusión. Tenemos ciertas cuestiones sin resolver en nuestra mente y hemos de aprender a atender a estas cosas primero. Mientras un ser humano permanezca bajo la presión del miedo, no puede hacer nada. Hablar de Dios es un buen pasatiempo, pero no sirve de nada. Se puede llegar a ser devoto, pero esto no es llegar a Dios ni tener paz y felicidad. Perdonadme si estoy hiriendo vuestros sentimientos, pero es la verdad.

Aprendamos a disfrutar de una cosa. Todas las grandes Escrituras del mundo, las cuales les fueron reveladas a los hombres de sabiduría en lo más hondo de su profunda contemplación, dicen una y la misma cosa: el ser humano ha sido creado exactamente a la imagen de Dios. Puesto que Dios creó a los seres humanos a su imagen, ¿por qué éstos sufren?. Sufren porque se han olvidado de su Creador, por eso sufren. De no ser por esto, no hay diferencia entre el ser humano y Dios. En el momento en que os deis cuenta de que no existís, pero que Dios existe, seréis libres. Todas las Escrituras dicen: Dios es omnipresente, omnisciente y omnipotente, Dios está en todas partes. Entonces, ¿dónde estáis?, ¿dónde hay un lugar para que existáis?, ¿cómo podéis afirmar que nosotros existimos en alguna parte y que esto es mío y que aquello es vuestro?. Es la mente humana la que crea todas las barreras del individuo. Hemos de entender toda esta filosofía, deshacernos de todas nuestras confusiones, estar en paz y empezar a darnos cuenta de la inmensa gloria que está escondida en el fondo de nuestra mente y de nuestro corazón. Por lo tanto cada individuo ha de intentar entender una cosa: me conoceré a mí mismo a todos los niveles en esta vida y recibiré la Iluminación aquí y ahora. Esta determinación es la que se necesita. Tal es el propósito de nuestra serie de conferencias.

¿Qué significa el cuerpo para nosotros?. ¿Acaso un ser humano es tan sólo un cuerpo?. No. También respira. Entonces se puede decir que es un ser que respira. Y esta respiración crea un puente entre nuestro proceso de pensar, nuestra mente, y nuestro cuerpo. ¿Por qué no se aparta el cuerpo, separándose de la parte que piensa?. Porque hay dos guardianes llamados inhalación y exhalación. La vida es aliento y el aliento es vida.

¿Cómo funciona nuestra mente y de dónde recibe su poder y su energía?. Hay un Centro de Consciencia más allá de la mente y que llamamos el alma individual. Y de allí es de donde recibimos Consciencia y energía. Las almas individuales son como las olas del inmenso océano de bienaventuranza llamado Brahmán, el summum bonum de la vida, la fuente misma de la fuerza vital, de la cual todas las olas se elevan, en la cual juegan y a la cual vuelven.

Empecemos por el cuerpo. Podemos cuidar de nuestro cuerpo pero no entendemos nada acerca de él. De modo que si queréis estar en buena forma física, entended la importancia que tiene un buen cuerpo, es decir: un cuerpo sano. Para esto hay que entender algo acerca de la dieta y de la nutrición y acerca del lenguaje corporal. Porque vuestro cuerpo os habla.

Cuando hayáis aprendido a entender las necesidades de vuestro cuerpo y su lenguaje, entonces tenéis que aprender cómo respirar. Todos respiramos, pero no lo hacemos correctamente, con el diafragma. Podéis observar que un niño sí respira con el diafragma, pero a causa de vuestra vida agitada, vuestra respiración ha cambiado. De modo que una respiración profunda y diafragmática es muy necesaria para la salud. (Ver Apéndice A.)

¿Qué significa respirar disfragmáticamente?. Cuando presionáis el abdomen hacia dentro al exhalar ayudáis a que vuestro diafragma vacíe los pulmones y expele el aire ya usado. Cuando el abdomen se hincha expande los pulmones que aspiran el oxígeno.

Es fácil conocer el cuerpo y el aliento, pero es un poco más difícil conocer a la mente porque no hay educación que nos enseñe y nos entrene a entender nuestra mente. Así que empecemos por tener un entendimiento sencillo. La investigación científica y los científicos hoy en día nos dicen que el ochenta por ciento de las enfermedades están creadas por la mente, tienen su origen en la mente y se expresan en el cuerpo. ¿Cómo es que la mente crea enfermedad cuando sois tan felices, sanos y lo tenéis todo?. Todo el cuerpo está en la mente, pero no toda la mente está en el cuerpo. No veis a vuestra mente, pero a través de la mente vuestros ojos pueden ver. Si todo el tiempo estáis frustrados, si no sois nunca felices, la gente no sabe qué hacer para animaros y esto os crea problemas con todo el mundo.

Es importante que cuidéis vuestra alimentación, que hagáis ejercicios a diario, que mantengáis vuestra salud mental y espiritual, todo ello sobre la base de ciertos ejercicios de respiración, relajación y meditación. Todo esto es bueno para vosotros. Una vez que hayáis aprendido a utilizar el profundo movimiento del diafragma para regular el movimiento de vuestros pulmones, entonces observad el fluir de vuestro aliento que es muy alegre y asombroso, porque ¿Quién os está dando vuestro aliento vital?. Es el Señor de la Vida, el que le da la vida a todo. Todo el tiempo tenéis este lazo de unión directa con el Señor de la Vida. Observad vuestra respiración y su fluir y así la mente encontrará una forma fácil de alcanzar la paz, de tener un atisbo de paz.

Durante unos pocos minutos cada día deberíais aprender a sentaros en quietud, a serenar vuestra respiración y a calmar vuestra mente. La práctica os hará perfectos, la mera teoría no. Lo que os digo es algo a practicar. No puedo meditar por vosotros. Puedo hacer otras cosas para vosotros: cocinar, llevaros en coche por ejemplo, pero la meditación es algo que cada uno ha de practicar. Buda dijo: "Encended vuestra propia Luz, nadie os puede dar la salvación". Un gurú, un profesor, un sacerdote, os pueden bendecir y esto os hace bien, pero la práctica de la meditación es algo que cada uno ha de hacer de por sí.

Cuando sabéis que no sois tan sólo un cuerpo y que, como criaturas pensantes, tenéis una mente, entonces surge la pregunta: "¿Quién soy?. Tengo cuerpo y mente, pero, ¿quién soy?, ¿acaso soy el cuerpo?. No. Entonces, ¿Soy la mente?. Tampoco. Entonces, ¿quién soy?" Os preguntáis. Es entonces cuando no os identificáis tanto con vuestro cuerpo y con vuestra mente. Lo que en verdad sois se llama el alma y es el centro de toda la rueda. Pero ¿Cómo llegar a saber que es así?. A menos que vuestro cuerpo se aquiete, vuestro aliento se calme y vuestra mente lo decida, no podéis llegar a un estado más fino de ser. Constantemente os identificáis con los objetos de vuestra mente y os olvidáis de vuestra Verdadera

Naturaleza. Vuestra Naturaleza Verdadera es paz, felicidad y bienaventuranza. Pero sufrís porque no os conocéis a vosotros mismos. Tan sólo conocéis una pequeña parte de vuestra entidad, aquello que se llama cuerpo, aliento y mente. Tenéis tres partes en vuestra entidad: la parte mortal, la semi-mortal y la Inmortal. La parte mortal es el cuerpo que pasa por cambios, por deterioro y muerte. La parte semi-mortal es la que os permite pensar. Pero vuestro Verdadero Ser es inmortal y completamente libre. Para Él: no hay ni miedos, ni ansiedades, ni dolor.

Cuando hacéis algo una y otra vez, formáis un diseño de hábitos ¿Qué es la individualidad?. ¿Qué es un individuo?. Un individuo es un carácter compuesto por diseños de hábitos. Decís que Dios os hizo como sois. Esto no es verdad. Dios os ha creado y sois bellísimas personas. Cada uno de vosotros es único, no hay otro igual en toda la tierra. Nadie se puede comparar con nadie, así que no os comparéis con los demás. El ser humano ha de darse cuenta de lo maravilloso que es. Dios le ha creado de una forma maravillosa, sabed esto. De modo que los seres humanos no han dado el siguiente paso de civilización por cierto motivo, pero no a causa de Dios. Si Dios viene y dice "¡Bien! ¿Qué queréis de mí?" Decidme, ¿qué le vais a contestar?. "¿Quiero ser millonario, tener docenas de coches?" ¿Qué le vais a pedir?. ¿Qué queréis de él?. Finalmente diréis: "Señor, dame paz" y Dios os dirá: "Hijos míos, os he dado todos los potenciales para que tengáis paz". Es verdad: podéis sentir paz, podéis hacer que vuestra mente esté quieta y así estableceros en la paz.

La causa de todo sufrimiento son vuestras acciones, vuestro Karma. ¿Cómo puede uno vivir en el mundo y sin embargo no estar afectado?. Primero tenéis que entender la ley inevitable de Karma que es una ley universal. No importa de qué comunidad procedéis, habéis de entender esta ley. Si sois hindúes tendréis que seguir esta ley y si sois cristianos, budistas o de cualquier otra religión, tendréis que seguirla. No olvidéis nunca esta ley universal que es aceptada por todas las grandes religiones y Escrituras del mundo: "Lo que sembráis, lo tendréis que recoger".

Llevo a cabo mis acciones y recojo sus frutos. Y estos frutos de nuevo me motivan a actuar y esto no tiene fin. Se convierte en un torbellino. Todos os jactáis de que cumplís con vuestros deberes con sinceridad, y tenéis razón. Pero algo le falta a esta afirmación. Le pregunté una vez a un ama de casa que era muy buena mujer, dulce y leal, si podía sentarse unos minutos. Ella quería irse a su casa, pero sólo para probarla le pedí que se quedase unos segundos. Ella contestó: "Me encantaría, pero tengo deberes que cumplir." Esto quiere decir que los deberes os convierten en esclavos. No sabéis entonces qué hacer. Por eso los grandes hombres dicen: "Aprended a amar a vuestros deberes y entonces no os esclavizarán". Es una cosa simple: se trata de lubrificar el deber con el amor, si no vuestro deber os crea esclavitud y no se puede vivir sin cumplir con los propios deberes. Si entendéis esta clave, entonces haréis todos los esfuerzos posibles para llevar a cabo vuestras acciones y al mismo tiempo aprender la filosofía del no-apego que se llama amor. Lo que de forma equivocada llamamos amor, es de hecho concupiscencia. El amor significa no apego. El apego conlleva sufrimiento y dolor, el no-apego conlleva la libertad. Como San Bernardo dijo de forma tan hermosa: "Todas las cosas del mundo están para ser disfrutadas, pero sólo Dios ha de ser amado". Todas las Escrituras dicen esto mismo.

Tenéis que adoptar una fórmula si realmente queréis practicar y disfrutar de la vida. No os estoy diciendo que renunciéis al mundo y os vayáis al Himalaya con Swami Rama, no se trata de esto. Os digo que viváis aquí donde estáis, que disfrutéis de la vida tal cual la tenéis y que sin embargo permanezcáis por encima, como le ocurre a un ser plenamente realizado, un jivan mukta. ¿Cómo es esto posible?. Mucha gente se hace swami y ¿cuántos swamis os decepcionan?. Un día le pregunté a mi Maestro: "¿Qué hay de divertido en esta forma de vivir para que haya tantos swamis?". Él me contestó: "Mira, todos tienen buenas intenciones de hacer algo, pero no lo hacen. No son competentes, ni capaces, ni encuentran el modo. Así que no les reproches nada. Lo están intentando, están haciendo esfuerzos". Le dije entonces: " Bien, pero de unos 13.000 swamis que me he encontrado en mi vida, tan sólo tres eran personas de gran valía. ¿Por qué es así?". Su respuesta fue: "Todos los demás son como un seto y los de gran valía son como las verdaderas flores. Ven, te voy a dar una fórmula. Compártela con tus estudiantes, con la gente con la que vas a contactar: todas las cosas del mundo están allí para que las disfrutes. Por favor, disfrútalas. Pero no son tuyas, no te apegues a ellas."

No tenemos derecho a apegarnos. No hay nada equivocado con el disfrute. La equivocación está en el hecho de apegarse. Mirad, ¿dónde cometéis el error?. En apegaros a cosas que no son vuestras ni pueden serlo nunca. Sin embargo estas cosas están allí para vosotros. Así que el primer principio a asimilar y a practicar es que: todas las cosas de este mundo están para mí, las puedo disfrutar, pero no debo apegarme a ellas. El segundo principio es: he de ser consciente de que la Verdad, el Señor de la Vida, está dentro de mí. Tercer principio: Meditar, ir hacia dentro, más allá de cuerpo, aliento y mente, así se disfruta del silencio, de este silencio interior que es Vida.

Si seguís estos tres principios, seréis libres.

Capítulo II

Los Cuatro Instintos Básicos

La palabra estrés se ha convertido en una palabra frecuente hoy. Todos hablamos de estrés. ¿Había también estrés en la antigüedad?. Sí había, pero era llamado ignorancia. Hoy en día estrés significa estrés, no aceptamos que es parte de la ignorancia. Un ser humano es ciudadano de dos mundos, el mundo interior y el mundo exterior. Sufre porque se ha vuelto un ser del mundo exterior. Aquéllos que son seres del mundo interior no sufren este moderno mal llamado estrés. Los tiempos han cambiado. Hoy en día, la vida humana está gobernada por la economía. De la mañana a la noche, no sabemos por qué vamos tan deprisa; ni dónde vamos; ni cuál es nuestro propósito. En el momento en que eres consciente de ti mismo y entiendes algo de ti mismo, disfrutas realmente la vida. Si os examináis, veréis que os gusta disfrutar de la vida en el mundo exterior, a todos los niveles: los cinco sentidos y la mente. ¿Quién os impide hacer eso?. ¿Quién os produce estrés?. Los seres del mundo exterior no vienen a decirte que os estreséis. ¿Cuál es la razón del estrés?. ¿Cuál es la causa de vuestro sufrimiento?. Sois todos autónomos. Pero no tenéis convicciones. Pensáis las cosas, pero no construís una filosofía individual de vida. Os aseguro: "Si os dedicáis sólo diez minutos todos los días a vosotros mismos, no sufriréis estrés."

La pregunta es: ¿De dónde viene el estrés?. Examinemos esto. Un ser humano no puede vivir sin actuar, no es posible. Y cuando realiza acciones, recoge los frutos y estos frutos le motivan a realizar más acciones. Esto continúa y continúa; no hay final y se convierte en una espiral de la que no puede escapar. Cuando examinéis vuestras acciones, encontraréis que están dominadas y controladas por vuestra mente. Si no pensáis hacer algo no podéis hacerlo. Vuestro pensamiento virtualmente es vuestra acción y está controlado por vuestras emociones. ¿Y de dónde surgen las emociones?. Surgen de las cuatro fuentes primitivas llamadas: comida, sueño, auto-preservación y sexo. Nosotros, seres humanos, seguimos siendo primitivos porque ahara, nidra, bhaya, maithunancha (comida, sueño, auto-preservación y sexo), siguen controlando nuestra vida humana, exactamente como lo hacen en el reino animal. Por eso se llaman fuentes primitivas. Coméis comida, los animales también comen comida. Dormís, los animales también duermen. Os complacéis con el sexo, los animales también lo hacen. Estáis asustados y todo el rato os estáis protegiendo a vosotros mismos, como los animales. Formáis un grupo, un grupo particular, los animales también hacen lo mismo. ¿Cuál es la diferencia entre el ser humano y el animal?.

Hay cuatro reinos: el reino mineral, el reino vegetal, el reino animal y el reino humano. En el proceso de evolución, el ser humano ha obtenido el estado de poder elegir, de ser capaz de elegir lo que quiere hacer y de evitar lo que no quiere hacer. El auto-control se encuentra en el reino humano, un animal está controlado por la naturaleza, por las cuatro fuentes. Por lo tanto, el ser humano tiene que ser responsable de sus hechos y de sus acciones. Definitivamente es un ser superior, puede comunicarse con los demás, narrar, discutir, hablar y decidir. Entonces, por el uso creativo de las emociones, un ser humano puede controlar sus pensamientos y por lo tanto sus acciones. El poder emocional es el más grande de todos los poderes en el ser humano, es lo que le relaciona con el mundo exterior. Todas las emociones surgen de las cuatro fuentes primitivas. Si éstas son correctamente entendidas, ordenadas y reguladas; no hay estrés.

Estas fuentes os ayudaran a conocer y entender vuestras acciones. En ellas podéis encontrar la causa de cualquier problema que tengáis. Si estáis enfadados, podéis observar que la fuente de vuestro enfado podría ser la mala comida. Mala comida es esa que no nutre. Mala comida es esa que agita tu sistema nervioso. Mala comida es esa para la que no hay sitio en tu cuerpo. El entrenamiento en la niñez parece ser importante aquí. El ambiente afecta a la niñez y al niño. La comida ha sido un desastre para la salud del ser humano en todo el mundo.

La comida puede ser desastrosa, y sin embargo ningún doctor os pregunta qué comida consumís. Vais al doctor y decís que tenéis un dolor, pero no lo relacionáis con su verdadera causa. ¿Cuáles son vuestros patrones de comportamiento?, ¿por qué tenéis dolor?. Cuidad vuestra dieta. Aprended a comer la comida apropiada para vosotros. Si os limpiáis los dientes correctamente, masticáis la comida bien; y coméis comida que sea sana para vosotros, que contenga líquido y sólido, vegetales y frutas, estaréis sanos.

Una vez que hayáis cuidado la comida, debéis cuidar el sueño profundo. Ser capaces de dormir profundamente es muy sano. Mucha gente sueña despierta. Durante toda la noche estáis en el proceso de ensoñar. ¿Qué es ensoñar?. Ensoñar es un estado intermedio entre estar despierto y estar dormido. Cuando vais del salón al dormitorio, lo hacéis a través de un pasillo. Ensoñar es el pasillo entre el estado despierto y el sueño profundo. Aunque ensoñar es terapéutico, os roba descanso. Si seguís ensoñando, pensando que es muy terapéutico, no descansaréis. Por este camino se desarrolla el insomnio, y está producido por vosotros mismos. Deberíais llegar conscientemente al sueño profundo.

¿Qué es el sueño profundo?. No lo habéis descubierto. No encontraréis en libros la asignatura de dormir. Es una asignatura práctica, pero no se encuentran libros de la anatomía del dormir. Convencionalmente, un ser humano duerme ocho o diez horas. No es necesario. Ninguna criatura, ningún ser humano, puede dormir más de dos horas y media. El resto del tiempo da vueltas en su cama medio despierto, medio soñando. Porque es de noche sentís que tenéis que dormir. Es una ilusión. Si aprendéis a dormir dos horas y media, con sueño profundo, estaréis descansados. De esa manera estáis privados de dormir y no sabéis por qué. Pensáis que cuando estáis cansados deberíais ir a dormir. Yo digo, no hagáis eso. Dormid voluntariamente. Tomad la determinación: "Tengo que dormir dos horas y media y después tengo que despertarme y hacer mi trabajo. Tengo mucho trabajo que hacer". ¿Por qué hemos de desperdiciar diez horas para dormir?. ¡Qué pérdida de tiempo y energía! ¡Dormir diez horas! Comer otras tres o cuatro horas, ¿catorce horas?. Mirad el tiempo que perdemos vistiéndonos, arreglándonos y acicalándonos. Otras tantas horas en el baño, ¿y qué hacéis con lo que queda de día?. Cotillear, charlar de unos y de otros. ¡Qué pérdida de tiempo!

Por tanto, dejadme que os diga cómo dormir y qué significa dormir. Si no podéis dormir por algún tiempo, no podéis pensar correctamente. Por la mañana decís: "Estoy cansado". Cuando os miro, parecéis cansados. Deberíais estar frescos por la mañana, si hubierais dormido bien por la noche. En occidente 75 millones de personas están tomando pastillas para dormir porque no conocen el arte de dormir. Y hay un camino para dormir que se llama *yoga nidra*: dormir conscientemente y levantarse a tiempo. Yo he conocido mucha gente así. Fui a la comunidad de Gandhiji, con su hijo Ramdas que era el editor de The Times of India; y vi a Gandhiji durmiendo exactamente a la misma hora cada noche y levantándose sin despertador. Si no tenéis reloj, vuestro teléfono no funciona y tenéis que ir al aeropuerto a las cinco de la mañana, os levantáis antes de esa hora. Hay algo en vosotros que tiene ese poder y que se llama *sankalpa shakti,* el poder de la determinación. Por tanto, si aprendéis a dormir, no necesitáis más de dos horas y media. Yo mismo no puedo dormir más de dos horas y media, y si lo hago, mi cuerpo me empieza a doler. Tengo que sentarme y hacer algo de trabajo, meditar o acabar mis abluciones, escribir un poema o hacer un dibujo. Tengo que hacer algo.

Entonces, ante todo, dejadme deciros que no perdáis ocho o diez horas tratando de dormir. Según el budismo, el mayor pecado no es matar a alguien. No, no. No, el mayor pecado es la pereza. Os digo un secreto. En el momento en que os despertéis, inmediatamente sentaos. No os quedéis en la cama, estirándoos y dando vueltas. Entrenaos. Nadie os va a ayudar en estos temas. Estas asignaturas no son tratadas en libros o por profesores. Todos los profesores repiten lo que han oído, no hay nada práctico. Nosotros sabemos, y sabemos que sabemos, pero no sabemos cómo practicar, lo que es un serio problema. ¿Cómo dormir?. Antes de caer dormido, por diez o quince minutos practicad *yoga nidra*, sueño voluntario, o cómo dormir. Si aprendéis a dormir con el método de *yoga nidra* (ver apéndice B), que ha sido examinado y probado como muy útil, será muy bueno para vosotros. Si estáis cansados después de trabajar ocho horas, entonces la práctica de diez minutos de *yoga nidra* os dará energía para otras ocho horas. Esto lo he comprobado. No afirmo nada que no esté basado en experiencias científicas. Y si practicáis, en unos días dormir estará bajo vuestro control, de igual forma que la alimentación lo está.

Por lo tanto digo que desperdiciáis el tiempo cuando dormís. Si no dormís bien, si la calidad del sueño no es buena, tendréis estrés. Y nada os puede ayudar. Los doctores sólo pueden ayudaros un poco. Sólo pueden curar unas pocas enfermedades. No pueden ayudaros con el 70-80% de las enfermedades que se llaman psicosomáticas, creadas por vuestra propia mente. Todo el mundo está enfermo y los enfermos están tratando a los enfermos. Estamos todos tanteando en la oscuridad. El momento ha llegado, la Consciencia se ha expandido. Por lo tanto, debemos aprender el arte de vivir, el arte del disfrute de la vida. No he conocido una persona que perennemente sonría y declare: "Estoy feliz en el mundo". A cualquiera que preguntes te dice: "Tengo un problema". Pero no olvidéis: existe el arte de dormir, conocedlo.

Dormir es un misterio. Si un tonto se va a dormir, se levanta tonto, nada le pasa, no hay transformación. Pero si un tonto llega al más profundo estado de Consciencia, se vuelve sabio. Hay algo más allá del sueño. Hay tres estados: el estado de vigilia, de ensoñar y de dormir. Dos personas decidieron visitar a un santo. Fueron y se sentaron a su lado. Una de ellas cayó dormida y la otra comenzó a hablar con el sabio. El que empezó a conversar estaba en *samadhi*, el otro estaba dormido. Ambos estados están muy cercanos. Podéis sacar beneficio del sueño, si sabéis lo que es dormir. Es un arte. Dormís porque vuestra pareja dice: "Son las diez ahora, apaga la luz". Y habéis vuelto a casa con un montón de preocupaciones. Pero si tenéis un poco de entendimiento pensaréis: "Bien, por la noche no puedo haceros caso, pensamientos míos. Puedo ayudaros mañana por la mañana. Ésta es hora de descansar". Si empezáis a tener conversaciones con vosotros mismos, podéis ayudaros. Antes de iros a la cama deberíais aprender a respirar profundamente. Estoy tratando de haceros vislumbrar esa vida que es realista, práctica.

Un día pensé: "Quiero experimentar y ver qué ocurre cuando me duermo". Y no pude dormir por muchos días. Quería saber cómo viene el sueño. Cuando no hay contentamiento en vuestra mente, entonces caéis dormidos. Antes de dormir, aprended a respirar profundamente, liberad de vuestro organismo dióxido de carbono, e inhalad profundamente. Con este sentimiento placentero iros a dormir, y podéis evitar las pesadillas. No digáis solamente "relájate, relájate, relájate, relájate" y luego intentar dormir. Relajarse no es dormir. Por eso, el método de relajación que incluye la respiración funciona en dos aspectos, en dos esferas: el cuerpo y la respiración; la comida y la fuerza vital. Entonces la mente tiene que relajarse, pero si os repetís "relájate, relájate, relájate", esta sugestión es hipnosis, no relajación. Y estamos todos hipnotizados por nosotros mismos todo el día. Estáis bajo el efecto de la hipnosis todo el día. Y eso no es un modo creativo de estudiar, ni un camino creativo para aprender. Entonces, entended el método de dormir: "Tengo que dormir, no tengo mucho tiempo. Tengo que levantarme, tengo que enseñar, tengo que escribir, tengo que componer un poema, tengo que pintar un cuadro. ¿Cuándo tengo tiempo?" Con esta determinación, *sankalpa shakti,* os vais a dormir y os levantáis exactamente a la misma hora. A mí me contaron esto y ha funcionado conmigo. Aquéllos que me conocen saben que no duermo de noche. El mejor momento de mi vida es por la noche cuando puedo pensar, escribir, leer, componer poemas, hacer cosas. No os estoy diciendo que hagáis esto mismo, porque vuestra vida es diferente.

En Alemania, estaba hablando en Hamburgo delante de una gran cantidad de gente. Dije un chiste largo, que me llevo varios minutos. Y mi interprete, una maravillosa intérprete, tradujo de tal manera que todo el mundo se caía de sus asientos de risa. ¡Y sólo en unos segundos! Pensé: "He perdido tanto tiempo aprendiendo inglés, sánscrito y otras lenguas. Voy a aprender alemán". Después de acabar la conferencia, le pregunté: "Dime, ¿cómo tradujiste un chiste tan largo en tan pocos segundos?" Ella respondió: "Les dije, mirad, el conferenciante está diciendo un chiste largo así que por favor reiros". Uno debe tener sentido del humor. Reírse es un buen ejercicio. Después de comer, deberíais aprender a reír. Con vuestros hijos, con vuestra pareja, reid. Con la risa os mantendréis sanos. Sueño y comida, si estas fuentes primitivas están reguladas, os digo, disfrutaréis de buena salud. Vuestro andar será una danza, vuestra vida será un poema, una canción. La flor de la humanidad florecerá el día que entendamos estos instintos básicos.

Igual que el sueño puede y debe ser regulado, debéis también regular otro apetito llamado sexo. Es un tabú oriental. La gente no habla de ello, porque piensa que es un pecado hablar de sexo. Los padres tampoco lo saben. Con énfasis le dicen a sus hijos: "Ahora ya eres mayor, deberías casarte.". Inculcan buenos modales y cuidan que sean un buen chico o una buena chica. Pero no les enseñan qué es el matrimonio, o por qué se están casando. Así que el sexo ha permanecido como un misterio todo este tiempo, "Oh, no hables de sexo, no hables de eso. Es una vulgaridad." Y las mentes de muchas personas están atrapadas por esta fuente primitiva todo el tiempo. Pensáis acerca de ello, pero sin embargo no podéis hablar. No he visto nunca marido y mujer felices, en ninguna parte del mundo, ni en oriente ni en occidente. He viajado a lo largo y ancho del mundo y les he preguntado: "Sois felices" "Hmmm, parcialmente felices." Se apoyan el uno en el otro y a eso lo llaman felicidad. La esposa necesitaba a alguien, estaba insegura, así que se buscó un marido. El marido necesitaba a alguien, una compañera y consiguió una esposa. No hay ajuste.

Habláis de Dios. Pero, ¿cuándo necesitáis a Dios?. Si cuando tenéis hambre, coméis y si cuando tenéis sed, bebéis, ¿por qué mencionáis tanto a Dios?. No os ocupáis de lo que está directamente relacionado con vuestro cuerpo, respiración, sentidos, y mente. Malgastáis vuestra energía en pensar cosas. Así que a dos personas les gusta disfrutar del sexo. Por supuesto que hay un disfrute que se deriva de esa unión, la unión física de un hombre y una mujer y que se llama vishayananda. Pero es algo que no dura. Tenéis que seguir repitiéndolo. Por un instante sentís disfrute, y después os mantenéis tristes el resto del día. El disfrute momentáneo no se puede expandir para siempre. Ese vishayananda no es paramananda, o disfrute supremo. Así que, ¿dónde está ese arte de la vida, donde dos personas saben cómo disfrutar de la unión, la unión física?. No podéis disfrutar porque no tenéis control físico, ni mental. Os voy a hablar acerca de una encuesta socio-psicológica que se hizo en los Estados Unidos, un país bastante avanzado y bastante abierto. Los encuestadores fueron a un convento y preguntaron a la muy respetada Madre Superiora: "Madre, fuma usted?". Ella dijo: "No, nada en absoluto." "¿Usted bebe?". Y ella dijo: "No". "¿Practica el sexo?". Respondió: "No" y añadió: "Pero tengo un pequeño vicio". "¿Cuál?" Preguntaron ansiosamente. Ella replicó: "Miento". Todos los encuestadores se quedaron sorprendidos

¿Qué es el sexo?. ¿Qué significa el sexo para vosotros?. Voy a daros un punto de vista muy simple. El hombre y la mujer son creados con pequeñas diferencias biológicas. Y deberían aprender a entenderse el uno al otro. Si no se entienden el uno al otro, jamás podrán ser felices. Toda su vida vivirán juntos, privándose mutuamente a causa de su ignorancia acerca del sexo. Tenéis que entender algo acerca de esto. ¿Qué es esta cosa llamada sexo, por qué es tan importante?. De nada sirve tratar de ignorar este aspecto particular de la vida, hay que entender lo que es. ¿Por qué controla vuestra vida?. ¿Por qué habéis estado pensando en eso durante tanto tiempo?. ¿Por qué no podéis vivir sin ello, por qué?. ¿Por qué un marido quiere a veces ir con otra mujer?. ¿Por qué hay tantos divorcios?. En occidente, el 50-60% de los matrimonios acaban en divorcio. El sexo debería ser regulado. Los hombres tienen mecanismos diferentes de las mujeres. Biológicamente son dos seres diferentes y se deberían entender el uno al otro. Es un mundo de hombres, y siempre ha sido así. El hombre nunca ha intentado entender a la mujer. Esto es verdad, pero la mujer es un gran poder en la tierra. Si ponéis una piedra en la barriga de un hombre y le decís que camine durante dos horas, no podrá hacerlo. Una mujer puede llevar nueve meses a un niño sin ninguna dificultad. Pasa por el parto, como quien pasa por la muerte. Lo hace gratamente. Si un hombre tiene fiebre ¡Dios mío, toda la vecindad se enterará de ello! Incluso biológicamente, encontraréis que hay un índice bastante bajo de ataques al corazón entre las mujeres, y muchos de estos ataques son producidos por defectos congénitos. Pero el hombre tiene ataques al corazón porque no puede tolerar el estrés, no tiene capacidad de aguante. Este es un campo totalmente inexplorado ya que a la mujer siempre se la utilizó para tareas muy concretas y como inspiradora del hombre. Los sistemas educativos de todo el mundo necesitan algunas modificaciones. La educación de los niños debería estar totalmente llevada de la mano de las madres. Uno de los grandes poetas dice: "Dame los primeros siete días de mi vida, el resto te los puedes llevar". Otro poeta escribió: "Una mujer, una madre, debería ser entrenada veintidós años antes de contraer matrimonio". Una buena madre será responsable de crear buenos ciudadanos, y así podremos esperar una buena sociedad. Ésta es la razón por la cual necesitan cuidados y respeto.

Pero ¿qué hacemos con nuestro impulso natural, biológico?. Seamos realistas. Os preguntaréis: "¿Cómo se las arregla un swami, un renunciante?" Un swami ha aprendido a "viajar hacia arriba". La mayor parte de la Iniciación que se da a un swami verdadero, desde una tradición auténtica, es este "viajar hacia arriba", en el cual disfruta sin necesidad de sexo. Cuando se libera el semen, sentís placer. A un swami se le ha enseñado: "Si sientes placer cuando liberas semen, piensa cuanto placer sentirías reteniéndolo y haciéndolo viajar hacia arriba". ¡Oh Dios mío, esto sí que es alegría! Pero esto es una enseñanza poco común. No puede ser practicada por todo el mundo.

Después de entender la necesidad de comer, de dormir, y de tener sexo, conviene entender la auto-preservación. Queremos protegernos a nosotros mismos, esto es instintivo. Cuando sucede un desastre natural, nuestras mascotas se enteran antes, los perros lo saben, los gatos también. ¿Por qué nosotros no?. Porque el conocimiento instintivo en nosotros ha disminuido, el conocimiento racional se ha desarrollado y nuestra mente ha limitado su capacidad. Siempre trata de medir el universo entero con su pequeña regla. Pero hay otra fuente más alta de conocimiento, y es el conocimiento intuitivo, que está más allá de todos los niveles de la mente. Así que estamos asustados todo el tiempo. "Voy a perder esto, voy a perderlo, voy a perderlo". Miedos, muchos miedos. Todo el tiempo, de la mañana a la noche, permanecemos pendientes de nosotros mismos, protegiéndonos, sin importarnos lo que les pase a los demás.

He visto algo en la vida, y es un aspecto maternal. Existe un lugar llamado Azamgarh en la India, donde en mi juventud solía caminar descalzo. Un elefante salvaje apareció de repente ante una mujer que caminaba con un niño de la mano. Cuando el elefante repentinamente apareció, la madre empujó al niño detrás de ella, y firmemente le dijo: "¡Detente ahí!". Y sabéis, el elefante se paró allí. Esto demuestra cuan grande es el amor de la madre por su hijo, un verdadero símbolo de amor, aunque esto está también cambiando hoy en día. Permanecemos pensando en nosotros todo el tiempo, "¿Y si me ocurriera algo?". El miedo invita al peligro. Permanecemos asustados todo el tiempo, y así invitamos a que el peligro se acerque. No hagáis esto. Os diré lo que ocurre. Estaba una vez de pie a orillas del Ganges en Rishikesh. Tenía veintitrés o veinticuatro años. En aquellos días solía mirar hacia el sol y me movía de acuerdo a su movimiento durante todo el día. Ésta es una de nuestras prácticas. No tenéis que hacer esto vosotros. Yo no sabía que había una cobra debajo de mí. Me sentaba y a continuación me ponía de pie. Había un swami mirando a lo lejos y gritó: "Swami, por favor no te muevas, hay una cobra debajo de ti". Naturalmente miré y ahí estaba la cobra. Así que, ¿qué hice?. Corrí cuanto pude. Y la cobra comenzó a perseguirme, me persiguió unas cincuenta o sesenta yardas. Dije entonces: "Nunca he visto una cobra, una serpiente, persiguiendo a un ser humano de esta manera". Después el Swami me dijo: "Mira, la cobra no te perseguía, la arrastrabas detrás de ti. Tu mente estaba tan aterrada, tan asustada, que el miedo se había concentrado y tu mente negativa la arrastraba detrás de ti". Cuando tenéis miedo, en realidad afectáis a los demás. El miedo invita al peligro, recordad esto. Cuando os volvéis negativos, y sentís miedo, invitáis al peligro hacia vosotros mismos. No tengáis miedo sin razón alguna. No os sometáis al yugo de los miedos.

El hombre moderno está lleno de miedos y no suele examinarlos. Sería bueno para vosotros aprender a sentaros y a examinar vuestros miedos. ¿Cuáles son mis miedos?, ¿qué miedos tengo?. A nadie le gusta examinar sus miedos más profundos. Sentaos e intentad examinar cuales son los miedos más recurrentes en vuestra vida. ¿Me abandonará mi marido?. Miedo. ¿Me dejará mi esposa?. Miedo. Desde la mañana hasta la noche estáis temiendo algo. ¿Qué clase de vida es ésta?. ¿Cómo se puede disfrutar de la vida bajo la presión de los miedos?. Así que el hombre moderno quiere disfrutar de la vida, quiere tener una vida llena de alegría, pero se somete a la presión de sus miedos. Debería aprender a examinar sus miedos. Miedo de no conseguir lo que él quiere, miedo a perder lo que tiene. Esto es lo que no os permite disfrutar de la vida. Sería mejor tener entendimiento y así no perder el tiempo con los miedos.

Todos habréis oído acerca de la Primera Ministra de la India Mrs. Indira Gandhi, una señora valiente, ni siquiera temerosa de las bombas. Recuerdo un incidente con ella. Estaba en un bungalow del gobierno y yo me hospedaba en el contiguo. De repente, en medio de la noche ella gritó. La gente pensó que quizás sería el Swami. Así que los escoltas vinieron, llamaron a mi cuarto en vez de al suyo, y me encontraron sentado meditando. El Superintendente de la Policía dijo: "No, no, no es él. Averigüen por qué ella gritó". ¿Quién podía preguntar a la Primera Ministra por qué había gritado?. Y ella seguía gritando. Finalmente, el Superintendente de la Policía y el Magistrado del Distrito se preguntaron: "¿Qué podemos hacer?". Ella gritó: "Abran la puerta". Inmediatamente respondieron: "Está cerrada desde dentro, señora." "Abridla de una patada". Así que rompieron la puerta. Había una araña subiendo por la pared ¡No tenía miedo a las bombas ni a las balas, pero sí tenia miedo a una arañita!

A veces, todos tenemos miedos así. Miedos que no discutimos porque nos hemos creado una máscara. "¿Cómo puedo hablar de mis miedos con mis hijos, mi marido, mis amigos?. ¿Qué pensarán de mí?. Así mantenemos los miedos dentro de nosotros. Ese miedo crece y crece y crece. He pasado por eso. Yo tenía miedo a las serpientes. Mi maestro lo sabía. Así que un día me dijo: "Coge esas flores". Había un ramo de flores, así que lo cogí. Una serpiente se encontraba en el ramo. Dije: "Serpiente, serpiente". Él dijo: "¿Y qué?". Él estaba enfrente de mí y dijo: " Estoy aquí. No dejaré que mueras". Le contesté: "Es una serpiente negra". Y él me dijo: "Tanto si es negra como si es azul, tráela hasta mí. Debes elegir entre el respeto a tu miedo o el respeto hacia mí". Con gran miedo me acerqué a él. Me dijo: "Hijo, esta criatura es la más limpia de la Tierra. No hay una criatura que sea más limpia que ella. Ésta es la criatura más anciana de cuantas viven en la Tierra, que vive en los árboles, que vive en el agua, que vive en la tierra. ¿Por qué te estás haciendo esto a ti mismo?". Yo dije: "Cuando muerde, el hombre muere". Y me contestó: "El ser humano es una serpiente más grande que la serpiente misma". Y el diálogo continuaba mientras yo sujetaba el ramo de flores y la serpiente. Finalmente él dijo: "Vamos, tócala así, pero no de esa manera". Y la serpiente levantó su cresta y me dejó acariciarla. Yo dije: "¿Señor, es esta una serpiente domada o una salvaje del bosque?". De esta manera mi miedo desapareció.

Aprended a examinar vuestros miedos. ¿Por qué cometéis el error de no examinar vuestros miedos?. Aprended a examinar vuestros miedos. Una mujer tiene miedo. Si su marido llega tarde del traba-jo, ella llamará a la comisaría, a los hospitales para averiguar qué le ha ocurrido. ¿Por qué?. ¿Por qué pensar de esta manera tan negativa todo el tiempo?. ¿Sabéis lo que está ocurriendo, lo que os estáis haciendo a vosotros mismos?. El miedo invita al peli-gro, recordad esto. No os pongáis en peligro.

De estos cuatro instintos básicos surge la corrien-te de las emociones. Vuestros problemas emocionales están relacionados con una de estas cuatro fuentes, no existe una quinta fuente, lo puedo afirmar después de veinticinco años de experimentación y estudios. De alguna manera o de otra, todos vuestros miedos, todas vuestras emociones están relacionadas con estas fuentes. Aquellas emociones podrían convertirse en emociones creativas. Gauranga sabía cómo usar la emoción hasta producir un estado de éxtasis. Todos los grandes hombres del mundo, de una manera u otra, llegaron a experimentar esto: su poder emocional. La sabiduría a través de la mente, a través del pensamiento, no es completa. La sabiduría a través de la emoción puede llevarte hasta las alturas del éxtasis. Todos los grandes santos siguiendo el camino de bhakti, del Amor, entraron en contacto con este poder.

Así que estas cuatro fuentes: comida, sueño, sexo y auto-preservación; están relacionadas entre sí de una manera cercana, muy cercana. Había una mujer irlandesa, a quien respetaba muchísimo, tanto como a mi propia madre. Nunca conocí a mi madre biológica, así que nunca la eché de menos, pero sin embargo si que echo de menos a mi madre irlandesa. Ella me ayudó a establecer el Himalayan Institute en los Estados Unidos. A veces solíamos discutir porque era muy gorda y por la noche se acercaba despacio hasta el frigorífico, comía, y a la mañana siguiente juraba que no había comido nada. Yo le decía: "Mamá esto no es bueno". Ella contestaba: "Hijo, te prometo que no he hecho nada, no he comido nada". Se le olvidaba. Cuando un hábito se vuelve profundamente arraigado, entonces te rindes. Hay una compensación, es la ley de la compensación. Ella no se casó y el análisis psicológico es el siguiente: las familias irlandesas son bastante conservadoras y ella solía controlar a todos sus hermanos, a sus esposas, hijos, y a todo el mundo. Era la cabeza de familia. Y nunca se casó por el bien de la familia, es decir, renunció al sexo y lo compensó con la comida. Observad este punto: Todo el cuerpo está presente en la mente, pero no toda la mente está en el cuerpo.

Hablamos de Dios, de esta Biblia y de aquella; de esta religión y de aquella. Es inútil si no entendemos las cosas básicas de la vida. Aprended a regular estas cuatro fuentes, porque todos vuestros problemas provienen de una de las cuatro. Por ejemplo, quizás estéis frustrados sexualmente y no habléis de ello con nadie, porque las costumbres, la cultura, la sociedad no os lo permiten. Reprimís esas ideas que no podéis compartir con los demás. Finalmente, esto os crea problemas psicosomáticos. Y no sólo eso, lo mismo ocurre si coméis comida basura. Si no dormís, si no entendéis cómo dormir profundamente; no podéis descansar. En el hospital estatal de Kansas, que tuve la oportunidad de visitar una vez, me encontré a todo el mundo durmiendo ocho horas, diez horas, doce horas, y "relajados". Discutí con los médicos. Lo que llamaban relajación era algo muy peligroso. Si los músculos no se usan, llegará un momento en que perderán su poder. Eso es una sencilla ley científica.

Dormir es una necesidad tanto del cuerpo como de la mente, por favor recordad esto. El alimento es una de las primeras necesidades de nuestro cuerpo. El sexo podría considerarse como una necesidad biológica, pero en realidad es algo que se origina en la mente. Si no está en la mente no surge. Así que conviene ver qué es lo verdaderamente importante, qué es lo que predomina en la mente y qué es lo que predomina en el cuerpo. El sexo afecta primero a la mente, después al cuerpo. El alimento afecta primero al cuerpo, después a la mente. El sueño afecta primero a la mente, después al cuerpo.

Sois víctimas de vuestros hábitos. ¿Quiénes sois realmente?. Sois la suma total de todos vuestros hábitos; eso es lo que sois. Y vuestros hábitos son el resultado de acciones repetidas. Vuestras acciones, están relacionadas con las cuatro fuentes. No existen libros acerca de esto. No existen libros que hablen de la práctica. La autodisciplina se ha perdido en nuestra educación. ¿Dónde están los profesores, los programas en los cuales se pida que los niños caminen hacia el bien?. No existe un programa así. Estos puntos básicos se han perdido en nuestra vida diaria. Estas disciplinas deberían introducirse en las escuelas, serían de gran ayuda. Algo acerca del alimento, algo sobre el sueño, algo acerca del sexo, algo sobre la auto-preservación; esto debería ser enseñado a los niños. Les sería de gran ayuda. Tenemos que entender las fuentes primitivas si queremos llevar una vida libre, alegre y feliz.

Capítulo III

El Cuerpo

El mundo no tiene nada que ofreceros con respecto a la Iluminación. Pero si aprendéis a ordenar el mundo en torno vuestro, el mundo no opondrá barreras ni obstáculos. Si continuáis eliminando obstáculos, ¿Cuándo tendréis tiempo para realizaros?. Aprended a disponer la situación de forma que no haya obstáculos ni barreras en vuestra vida familiar, ni en vuestra vida social, ni en vuestra vida laboral. Entonces estaréis libres para meditar. ¿Por qué queréis aprender algo sobre la salud?. ¿Si estáis sanos, eso os ayudará a encontrar a Dios?. No. ¿Por qué es bueno entonces estar sano?. Un cuerpo sano no crea problemas. No impide encontrar el propósito de la vida.

Vuestro cuerpo os habla. El cuerpo tiene un lenguaje simple y sutil. Nadie os lo ha enseñado, pero debéis aprenderlo. Si sobre-tensionáis, vuestro cuerpo os lo dirá. Esta consciencia os guía para comprender al auto conocimiento, entonces comprenderéis las capacidades de vuestro cuerpo. Muchas cosas las realizáis sin comprender esto. Así dañáis el cuerpo. Ignoráis el lenguaje del cuerpo y ¿qué ocurre?. Sufrís por una mala nutrición o por sobrealimentación. Cuando os sobrealimentáis, ¿qué ocurre?. Cuándo estáis cansados, ¿qué ocurre?. Empezáis a sentir dolor. El cuerpo os habla, pero no le escucháis. Así que empezad por aprender a comprender el lenguaje de vuestro cuerpo. Esto os mantendrá sanos.

Si dormís demasiado, si sois perezosos, os sentiréis embotados. No hacéis muchas cosas por pereza, la cual es uno de los grandes enemigos del ser humano. Habláis de pecados. Pero ¿sabéis que el mayor pecado es la pereza?. Queréis levantaros a las 4 en punto. Habéis dormido lo suficiente, de forma satisfactoria, pero os quedáis atrapados entre las sábanas, dando vueltas, haciendo algún ruidito, pero no os levantáis. ¡Pereza! El primer enemigo del ser humano es la pereza. Pero una vez comprendido el valor de la vida, sabéis que no hay lugar para la pereza. Podéis realizar grandes cosas. Mirad, una cuarta parte de vuestra vida la pasáis comiendo, otra cuarta durmiendo y otra cuarta en el baño, y la última parte vistiéndoos, hablando de otros, condenando o alabando a los demás ¿Es esto vida?. Decidme, ¿qué ganáis con esto?

Desde el punto de vista del Yoga y el Ayurveda, hay dos sistemas funcionando en vuestro cuerpo. Uno se ocupa de limpiar esta "ciudad de la vida" que llamamos cuerpo. El otro está continuamente nutriendo la vida humana. Los poros, pulmones, riñones e intestino limpian "la ciudad de la vida". El corazón, el cerebro, bazo e hígado nutren el cuerpo. Hay una coordinación establecida entre estos dos sistemas en la vida humana. Funcionan bien juntos.

Para mantener un cuerpo saludable, en primer lugar necesitáis saber algo de dieta y nutrición, en segundo lugar deberíais tener algún conocimiento sobre líquidos. Las verduras nutren y las frutas limpian. Vuestra dieta debería contar con ambas. Vuestra dieta independientemente de que sea o no vegetariana, debería incluir suficientes verduras, porque los últimos estudios llevados a cabo en universidades y laboratorios científicos de todo el mundo, indican que comer demasiada carne puede provocar cáncer de colon.

Ser o no ser vegetariano depende de vuestro país, cultura y tradición. He podido observar que los esquimales son buenos meditadores, a pesar de que no tienen más que carne para comer. En ese clima y en esas condiciones no tienen otra alternativa, y siguen siendo buenos meditadores. No quiero entrar en controversia sobre este tema. Soy vegetariano porque en los Himalayas no hay demasiada carne para comer, así que desde el comienzo me alimenté con verduras. Si planto verduras, tendré verduras. Pero si planto un trozo de carne, tendré solo gérmenes. El más maravilloso, grande y sabio de los animales, el elefante, es vegetariano. El tigre es muy rápido e impetuoso, pero no puede luchar más de dos horas, así que personalmente prefiero ser vegetariano, pero no digo a la gente que sea vegetariana. Si podéis asumir y aceptar el vegetarianismo, bien, pero no os preparéis para divorciaros si vuestra pareja no lo acepta. Ella puede comer carne de cabra y la cabra come hierba, así que podemos decir que ella es una vegetariana secundaria.

Aprended a comer buenos alimentos, alimentos que os ayuden a mantener una buena salud. Vuestra comida debería estar cocinada, pero no demasiado. Muchas personas se vuelven fanáticas y se preguntan por qué la comida se cocina. La razón es porque nuestros intestinos no están preparados para digerir alimentos crudos. Por ello debemos preparar platos al vapor, al horno o a la plancha, pero no hasta el punto de que se destruya su valor. ¿Qué ocurre cuando cocinamos demasiado los alimentos?. El calcio natural se transforma en calcio inorgánico para el que no hay sitio en el cuerpo. Tomad zumo de fruta. Si se calienta el zumo, entonces todos los gérmenes morirán, pero cambiará la naturaleza del líquido. Si no sabéis cómo extraer el zumo, si no exprimís convenientemente las fibras, ¿qué hay de bueno en vuestro zumo?. Creo que deberíais dedicar algo de entendimiento, de estudio y de investigación a vuestra alimentación.

Lo que damos a nuestros hijos es comida más veneno. Las madres cocinan platos sabrosos, agradables al paladar. A los niños les encanta, pero no es sano para ellos. Los alimentos demasiado cocinados no son buenos, pues aunque sean muy sabrosos, no son nutritivos. Por todo ello debéis ser conscientes de vuestra alimentación y ello entrenará a vuestros hijos: la siguiente generación. No estoy sermoneando, sólo dando algunos datos prácticos y útiles.

La comida sencilla es la más saludable ¿Saboreáis la comida?. No, solamente saboreamos los "masalas", las especias. La comida muy especiada y grasienta no es nada saludable. Hay muchas personas en la India que creen que el gui, mantequilla clarificada, tiene valores especiales. Hemos hecho muchos experimentos. El gui no tiene ningún valor, ninguna vitamina. Es verdad que está muy rico, pero no deberíamos abusar de él. Especialmente es dañino para el corazón y puede provocar enfermedades coronarias. Si comemos mucho gui, nuestro organismo tendrá que trabajar mucho para digerirlo. Los que trabajan en el campo y los soldados, pueden tomar gui y azúcar, el resto no deberíamos, es muy dañino.

Vayan donde vayan los hindúes, japoneses, chinos o asiáticos del sudeste, siempre consumen comida grasienta y por lo menos 120 libras de azúcar al año. Siempre hablo de investigar la conducta honestamente. Deberíais entender que el cuerpo transforma en azúcar cualquier cosa que coméis. El cuerpo crea azúcar, elabora azúcar. Eso supone que las 120 libras de azúcar, se convierten en 240 libras al año. ¡Dios mío, qué veneno!. No podéis tomar comida sin azúcar. ¿Por qué queréis consumir azúcar extra?. Si tomamos demasiado azúcar rompemos el equilibrio de nuestro organismo, dificultando las funciones metabólicas y la pancreática. Lo mismo ocurre con el exceso de sal en las comidas. No necesitamos tanta sal. Si evitamos en nuestra alimentación los excesos de grasa, azúcar y sal; si evitamos el exceso de fritos, tostados y asados; entonces evitaremos muchas enfermedades.

Otra cosa que me gustaría advertir a las madres hindúes, es que tenemos muy malos hábitos alimenticios. Hubo un escritor alemán que vivió en la India durante 25 años, hablaba muchas lenguas hindúes: malayo, tamil, telugu, hindi, gujarati, urdu, bengalí, punjabí; muchas lenguas. Estudiaba la cocina hindú, y vivía entre familias hindúes. Escribió: "Una mujer hindú, Señor, es la mejor del mundo. Sólo ella puede vivir con un estúpido marido hindú". Lo siento, no soy yo quién lo dice, fue lo que él escribió. Un marido hindú convencional está sentado, y tiene el agua cerca, pero llama a su mujer, quien sale corriendo de la cocina y le pregunta: "¿Qué quieres?" "Dame agua", le dice. El autor alemán escribió lo siguiente: "La mujer hindú es maravillosa. No hay mujer en el mundo que se le pueda comparar en lo que respecta al hogar, pero hay una cosa, es muy peligrosa. ¡Es una asesina!". Me dije, ¿qué es esto?. Me impresionó leer eso. Escribió: Kehti hai, "Todaza aur khalo, aur khalo, aur khalo" ("Ella dice: 'Come un poco más, un poco más, un poco más' "), quiere complacer a su marido y emplea todo su tiempo en la cocina. Una esposa hindú sobrealimenta a su marido. Él engorda, tiene alto el colesterol, alta la presión sanguínea, diabetes. Y finalmente sufre un ataque cardiaco, ella queda viuda. El autor alemán escribió: " La India está llena de viudas yendo a los templos a llorar, recordando a sus maridos". La medicina preventiva es una parte importante en la vida moderna. ¿Por qué enfermamos?. Deberíamos cuidar nuestra salud, cuidar nuestra dieta y nutrición, vivir bien, y comer lo correcto.

Ahora veamos un experimento que hemos realizado. Elegimos dos niños, a uno le dimos chocolate continuamente y al otro no. El niño que comía chocolate y dulces estaba malhumorado todo el tiempo, lloraba y se enfadaba a menudo. Mi secretaria, que es escritora, tuvo un sarpullido por todo el cuerpo. Acudió a un montón de médicos de todo el mundo, pero nadie le daba una solución. Fue a dermatólogos en Francia, Alemania, Inglaterra, América, en muchos sitios. Hasta que un día mientras trabajaba con todo el cuerpo cubierto por ronchones, me preguntó que si la podía ayudar. Me contó que se había gastado más de 300.000 $. Le dije: "Nunca me lo has pedido. En cinco minutos puedes estar curada". Incrédula me preguntó: "¿En cinco minutos?. Te he estado ayudando, ¿por qué no me ayudas tú?". Le contesté que dejara de comer chocolate y que en una semana estaría completamente curada, pues solía comer chocolate todo el tiempo. Al día siguiente le hice una limpieza, le recordé que no debería comer nunca más chocolate. Su marido me contó que en sueños ella decía: "¡Ah Señor; ah, chocolate; ah, chocolate!". En una semana estaba completamente curada. Dejó totalmente de tomar azúcar.

Hay muchas enfermedades que los médicos no pueden curaros porque no les contáis vuestros hábitos. Al menos el 80% de las enfermedades las generamos nosotros mismos porque no entendemos la sencillez de la vida. Equilibrio, equilibrio, equilibrio. Comida sencilla, comida nutritiva, comida fresca, eso ayuda. Disfrutar de una buena salud es muy beneficioso para todos.

Muchos de vosotros estáis ansiosos por saber cómo perder peso, ¿no es así?. Os cuento un método simple. Pero sé que no lo vais a hacer. Comed lo que queráis, pero comed de la forma que os indico. No masticáis bien vuestra comida. Si masticárais bien vuestra comida, no comeríais de más. Contad hasta 36 mientras masticáis, y no comeréis de más. Coméis de más porque no disfrutáis vuestra comida, llenáis la tripa y ésta se expande. Llenar vuestra barriga, convirtiéndola en una despensa no es bueno para vosotros, es nocivo. No dais atención a la comida, no tenéis tiempo para ello ¡Qué cosa tan tonta!

Estáis entrenados para hacer cosas en el mundo exterior. Os señalo aquí algo agradable. Aquéllos que tengan una mala digestión deberían hacer lo siguiente. En todas las grandes tradiciones, al sentarse a la mesa, se bendicen los alimentos en acción de gracia. Se recuerda a Dios antes de comer. ¿Sabéis por qué se hace esto?. ¿Se hace para que Dios descienda para comer?. No. Tiene un propósito científico: calmarse, dar suficiente tiempo a la saliva y otros jugos gástricos para que fluyan y que permitan la digestión de los alimentos. Ese es el punto. Debéis calmaros. Si estáis enfadados, os aseguro que vuestro sistema endocrino no segregará bien. Vuestra lengua estará seca y habrá desequilibrios en vuestra saliva y jugos gástricos.

Las parejas no deberían convertir la mesa del comedor en un campo de batalla. Los maridos están muy ocupados, no tienen tiempo. Y las mujeres esperan todo el día y terminan frustrándose. Él está cansado y tiene muchas, muchas preocupaciones, no tiene tiempo y no quiere discutir, pero ella quiere discutir. Y el momento más oportuno es la hora de comer. Es insalubre discutir durante las comidas. Podéis discutir, es terapéutico, reprimirlo es perjudicial. Pero convertir la mesa durante las comidas en un campo de lucha no es bueno. Es terapéutico dejar fluir los enfados de una forma suave. Dejar que la gota colme el vaso no es bueno. Así que algunas veces permitid que se exterioricen los enfados, eso puede ser terapéutico; está bien. Pero hay dos momentos al día en que deberíais aprender a calmaros. Por favor, hacedme caso. Estoy diciéndolo desde el conocimiento científico que me dan los experimentos que hemos realizado. Las parejas deberían mantener este propósito: no discutiremos al comer, no discutiremos al ir a la cama. "Cariño, si quieres que discutamos algo, lo hacemos antes de ir a la cama; pero no mientras nos metemos en ella"; así deberíais comportaros. Discutir durante esos dos momentos afecta directamente a la parte biológica de vuestras vidas. Eso os altera. Discutís y entonces os dais cuenta de que vuestra digestión está alterada, que vuestro sueño está alterado. Los hogares donde hay cultura son hogares donde primero se aquieta uno, se dan las gracias y entonces se comienza a comer.

La parte más sucia del cuerpo es la boca. Podéis insultar a los demás diciendo cosas molestas. Si disparáis a alguien, puede que el daño no sea irreparable. Pero si insultáis a vuestras esposas o maridos, quizás os puedan perdonar, pero nunca lo olvidarán. Así que no dañéis, perjudiquéis o insultéis a nadie a través de vuestras palabras. A parte de las ofensas orales, otro aspecto sucio de vuestras bocas son los dientes. Si no os cepilláis bien los dientes, vuestro hígado no estará sano. Muy pocas personas lo saben, esto me sorprende. Así que deberíais aprender a cepillaros los dientes regularmente.

Cuando comáis, masticad bien los alimentos en un estado de calma y quietud. No os frustréis, no os enfadéis con vuestra pareja, no os sobrealimentéis; comprended vuestra alimentación, porque si no engordaréis y vuestra pareja os dirá que estáis gordos. No permitáis llegar a esta situación. No os abandonéis a la pereza. Animad a vuestra pareja a que haga ejercicio. Hay que ser estricto con esto. Si vuestra pareja no hace ejercicio, sed fuertes, animadla a que haga deporte. Debéis aprender a ayudar a vuestra pareja, esto es compañerismo, no os destruyáis mutuamente.

El conocimiento y la simple prevención os ayudará a manteneros sanos. Hemos llegado a saber que entre las mujeres, muchos casos de cáncer de matriz, más del 60% se debe a la falta de conocimiento de unos simples principios higiénicos. El "Tate Research Institute" descubrió que el 50 % de los casos de cáncer desaparecía cuando estas mujeres aprendían cómo lavarse. Quienes mastican tabaco, lo esnifan o fuman en exceso tienen muchas posibilidades de sufrir cáncer de lengua. Ciertos tipos de enfermedades pueden ser controlados. Tenéis un gran potencial, podéis prevenir muchas enfermedades. No os rindáis ni digáis "necesito una pastilla, necesito un médico, necesito a mi psicólogo". No continuéis con esa actitud por más tiempo. Tenéis muchos, muchos potenciales y cuando os conozcáis a vosotros mismos, descubriréis que tenéis a un gran médico dentro de vosotros. La alegría es el mejor de todos los médicos. Aprended a estar alegres todo el tiempo.

Otro hábito que debéis crear en vuestras vidas es practicar ejercicio regularmente. Hay algunos ejercicios que nosotros enseñamos y que llamamos ejercicios de emergencia. Este mundo se ha transformado en un mundo de economía. ¿Sabéis qué es la economía de la lectura?. Hoy, la gente compra libros que luego no tiene tiempo de leer. Leen sólo la introducción y dicen que ya lo han leído. Debéis aprender a hacer un único ejercicio por la mañana llamado agni sara (ver apéndice C), éste activa vuestro plexo solar. Si hacéis regularmente este ejercicio os mantendréis sanos.

Pero, ¿qué es el cuerpo humano?. Los brazos, piernas y pies no se consideran el cuerpo humano. Se les llama extremidades superiores e inferiores. Vuestro cuerpo es desde la base de la columna vertebral hasta la parte superior de la cabeza. Cuando os sentéis, hacedlo con la cabeza, cuello y tronco en línea recta. Eso es todo. ¿Cuál debería ser vuestra postura?. Cuando hablamos de posturas de yoga, no quiere decir retorcer las piernas e ir al día siguiente al médico. Mantener la cabeza, cuello y tronco alineados eso es una postura. Aprended a sentaros. No importa cuantas posturas sepáis, no sois todavía yoguis. Mucha gente piensa que por conocer muchas posturas y siendo capaces de hacer el pino sobre la cabeza, ya han llegado a ser grandes yoguis. Pero, "hacer el pino" significa realmente aprender a "tener los pies en el suelo" y si no habéis aprendido a hacer eso, ¿de qué sirve "hacer el pino"?. No importan las posturas, sentaos y mantened la cabeza, el cuello y el tronco alineados y colocad las extremidades de forma que no os molesten. Eso es lo importante de la postura. Practicad durante unos días hasta que os resulte confortable. Durante la meditación mantened esta postura, esto es lo primero que debéis aprender.

Mantened cabeza, cuello y tronco alineados. A lo largo la columna vertebral hay tres conductos: el sistema simpático, el sistema parasimpático y el canal central. ¿Cómo camináis?. Camináis encorvados. Un hombre joven camina como un viejo. Caminando así, un paseo no puede ser sano. Aunque caminéis deprisa no mantenéis cabeza, cuello y tronco en línea recta. Si camináis encorvados, no estáis dejando que la energía fluya desde la pelvis al cuello. Si no mantenéis vuestra columna vertebral recta mientras camináis u os sentáis, os estáis castigando. Pero si la mantenéis recta, podréis caminar muchas millas sin cansaros. Recordad esto, si queréis llegar a viejos pronto, caminad encorvados. Si queréis permanecer jóvenes, caminad erguidos. Es uno de los secretos. Caminad erguidos, y disfrutad de vuestro paseo como si se tratara de una danza. Cuando caminéis, caminad como si bailarais, como un tigre. En quince o veinte días habréis creado el hábito de caminar erguidos. Entonces será algo muy placentero. Esto es muy bueno para la salud.

Después de entender las cuatro fuentes primitivas, después de comprender la dieta, la nutrición y la postura; entonces debéis aprender algo más que aún no he comentado. Aprended a permanecer sentados quietos, sin hacer nada, tan sólo dejando al cuerpo reposar. Cuando se trata de disciplinar a alguien, incluso a los niños, siempre se rebelan contra la disciplina. El cuerpo también se rebela. Los primeros días vuestro cuerpo se rebelará por falta de práctica, pero en un mes vuestro cuerpo podrá reposar y encontraréis un gran disfrute en ello; un disfrute que no encontraréis en nada más. Todas vuestras alegrías están turbadas por vuestros miedos. Aprended a desarrollar vuestra fuerza interior, así podréis disfrutar de las cosas que el mundo ofrece. Veerabhogya vasundhara ("Sólo los fuertes pueden disfrutar del mundo, no los débiles"). Aprended a permanecer sentados en quietud durante unos pocos minutos; cinco minutos os ayudarán. No existe otro método para dar descanso a vuestro sistema involuntario. No hay medicina o método excepto éste: permanecer en quietud. Si dais atención al cuerpo, la mente también permanecerá quieta. Cogedle el gusto a esta práctica. Unos minutos aprendiendo a estar quieto, observando sistemáticamente todas las partes del cuerpo, desde la cabeza a los pies; aprendiendo a relajarse. Relajarse no es dormir, recordad esto. No os durmáis durante la relajación. Repasad todo el cuerpo, de la cabeza a los pies; relajando cada parte. Vuestra mente es capaz de hacer esto. Vuestra mente puede localizar tensiones, el estrés en vuestro cuerpo. Vuestros músculos también pueden acumular estrés. El estrés muscular es distinto al estrés del sistema nervioso o al estrés mental. Pero la mente controla el sistema nervioso y el cuerpo, así que la mente puede ser entrenada para que no haya estrés. Después de algunos días el cuerpo permanecerá quieto. Aprender esto se llama "viaje sin movimiento", un viaje único.

Después de haber aprendido a permanecer quietos, cerrad suavemente los ojos. Si mantenéis los ojos abiertos os distraerán. Suavemente cerrad los ojos. Cuidad que el cuerpo no se mueva. Intentará moverse porque no ha sido disciplinado. Muchos tontos se creen que esto sucede porque han despertado su kundalini, el poder divino. En realidad no es así, son sólo disturbios corporales. Después de unos días o un mes, llegaréis a percibir el cuerpo quieto y en calma. Entonces habrá turbaciones más sutiles, que son tics. En dos meses el cuerpo permanecerá muy quieto y en calma, entonces experimentaréis una clase de disfrute que jamás habréis experimentado antes. Este es un secreto que os estoy revelando.

No practiquéis más de diez minutos, porque todavía no estáis capacitados. Comenzaréis a tener ensoñaciones y a alucinar; así que no lo hagáis. Diez minutos en quietud, sin alborotos, ni movimientos, os proporcionarán una inmensa alegría. No hagáis trampas, ni uséis la meditación como una escapatoria. Id poco a poco, se trata de un método científico que proviene de las antiguas Escrituras.

Capítulo IV

La Respiración

Todos respiramos el mismo aire. Sólo hay un propietario de todo, que es quien nos provee de un soplo de vida. ¿Quién te da este soplo de vida?. El Señor de la vida es quien se lo da a todos. La respiración es un vínculo directo que tienes con el Señor. Es una filosofía perfecta. Más allá del aspecto filosófico, es también una ciencia práctica conocida por tan sólo unos pocos. La respiración es como un barómetro que registra tanto vuestras condiciones mentales, como vuestras condiciones físicas. La respiración es el puente entre el cuerpo y la actividad mental, llamada mente. En nuestro mundo moderno, hablamos tanto del cuerpo como de la mente, pero no hemos hecho grandes investigaciones sobre la respiración. La ciencia de la respiración es una ciencia en sí misma. Desde que tenía tres años de edad, he estado haciendo experimentos sobre la respiración. He hecho experimentos no sólo en los monasterios tradicionales del Himalaya, sino también en laboratorios modernos de todo el mundo. Os estoy hablando basándome en esta experiencia y no simplemente porque haya leído algo en alguna parte. En las antiguas Escrituras, los yoguis que investigaron sobre la respiración se llaman *prana vedins*. Ellos

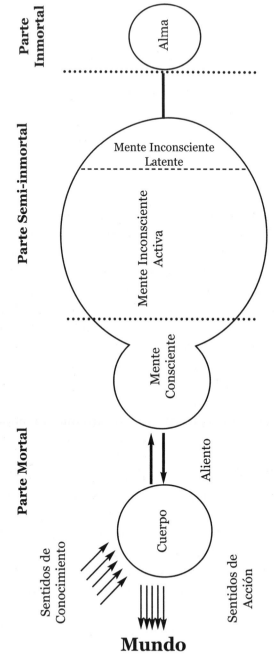

Cuerpo-Aliento-Mente-Alma

Parte Inmortal

Parte Semi-inmortal

Parte Mortal

Alma

Mente Inconsciente Latente

Mente Inconsciente Activa

Mente Consciente

Aliento

Cuerpo

Sentidos de Conocimiento

Sentidos de Acción

Mundo

Figura 1

pueden suspender su respiración por largo tiempo, incluso por meses y meses. Pero no tenéis porque ir tan lejos.

¿Qué es vuestro cuerpo?. Aquello que podéis tocar se llama cuerpo. Está compuesto de los 5 elementos densos: tierra, agua, fuego, aire y éter. Es como una vasija. Si rompéis el cántaro, la tierra vuelve a la tierra, el agua al agua y el fuego al fuego. Todos los elementos vuelven hacia sus respectivos elementos. Es un tema muy interesante. Mirad el figura 1. No sois sólo cuerpo. Este cuerpo está relacionado con la mente. ¿Qué conecta a ambos?. No se suele explicar por qué cuerpo y mente funcionan juntos. Hay un vínculo entre ambos y se llama *prana* en sánscrito. En español se llama respiración. La vida es respiración y la respiración es vida. La respiración crea un puente entre el proceso mental y el cuerpo físico. Nuestro proceso mental está dividido en dos compartimentos: la mente consciente y la mente inconsciente. Hay dos guardianes que protegen constantemente la "ciudad de la vida" y son los llamados: inhalación y exhalación. Este es un vínculo muy importante, pero ved lo que los científicos están haciendo. Ellos hablan de cuerpo, comida, vitaminas, ejercicios; hablan de la mente y de su análisis; pero nadie habla de la respiración porque nadie la conoce. Se están realizando muy pocos experimentos. Para las mujeres embarazadas, existen algunos ejercicios de respiración. A parte de eso nadie sabe mucho sobre la respiración. "Todos respiramos", dicen. "¿Qué hay que aprender en ello?" Estáis respirando, pero no estáis respirando correctamente. Existen cinco *pranas* principales y cinco secundarios en vuestro cuerpo. Unos proveen de energía al cuerpo y otros lo purifican.

Observemos este diagrama y entendamos la vida con sus corrientes y contracorrientes, con todos sus valores. ¿Qué significa el cuerpo para nosotros?. ¿Es el ser humano sólo un cuerpo?. No, también respira. El cuerpo sin respiración no tiene valor, y si tenemos un cuerpo y una respiración pero no hay mente; entonces ese ser humano es también inútil. Y si hay un ser humano que piensa, que respira y cuyo cuerpo funciona; también carece de sentido si no dirige todas sus energías, su mente, su acción y su habla, de acuerdo con el propósito de la vida. La inhalación y la exhalación están constantemente guardando la "ciudad de la vida". La inhalación se volverá imposible si no exhaláis. La exhalación se volverá imposible si no inhaláis. Si cuidáis de los sistemas de purificación del cuerpo: los poros, pulmones, riñones e intestinos; entonces, los sistemas de nutrición permanecerán también activos. Ésta es la razón por la que los manuales de yoga hablan sobre ciertos kriyas, métodos purificadores del cuerpo.

Una vez que hemos aprendido acerca del cuerpo, de la dieta y de la nutrición, nos queda por saber acerca de la respiración. Todos respiráis, pero no correctamente, por eso sufrís. La respiración diafragmática es saludable. Si no respiráis diafragmáticamente, no podréis aprender *pranayama*. Muchos profesores no entienden la importancia de la respiración diafragmática profunda y enseñan muchos métodos de *pranayama* que no sirven. La respiración diafragmática profunda es primordial, algo básico que os ayudará a prepararos para *pranayama* o ejercicios de respiración más sofisticados. Observad el movimiento de vuestro abdomen mientras respiráis. Cuando metéis el abdomen ayudáis al diafragma (el músculo más sano de vuestro cuerpo), a empujar los pulmones; lo cual os permitirá exhalar completamente, expeliendo el dióxido de carbono. Cuando el abdomen se mueva hacia fuera, expandirá los pulmones creando más espacio para el oxígeno. La respiración diafragmática profunda es muy buena para la salud.

Una vez que hayáis aprendido a respirar diafragmáticamente, daos cuenta de cuatro malos hábitos de respiración. El primero es hacer ruido al respirar. El segundo es la falta de profundidad. El tercero, son las sacudidas, y el cuarto, es la pausa entre la inhalación y la exhalación. La mayoría de los ataques al corazón en el mundo son causados por una mala respiración. Hay otras razones también, pero ésta es una de las razones principales. Os lo aseguro, ningún cardiólogo me lo discutiría. Los animales que respiran superficialmente no viven por largo tiempo. Un yogui no vive de la manera en que otros viven. Vive de acuerdo con la respiración que toma. Podéis alargar vuestra vida si comprendéis esta ciencia. Vuestra respiración debería ser más profunda, sin ningún sonido. No debería ser una respiración pesada. Algunas veces la gente ronca y se les puede oír incluso desde otro edificio. La respiración espasmódica, discontinua, tampoco es buena para vosotros. Entre inhalación y exhalación y también entre la exhalación y la siguiente inhalación, creáis una pausa momentánea. Pausa significa muerte. Si yo inhalo y no exhalo nunca, ¿qué pasará?. Que estoy muerto. Y si por el contrario exhalo y no vuelvo a inhalar, ¿qué pasará entonces?. Que estoy muerto. La muerte es una pausa entre la inhalación y la exhalación. Inconscientemente estáis haciendo una pausa. ¿Habéis observado lo que los niños hacen algunas veces?. Dejan de exhalar y se desmayan. En *murcha pranayama,* enseñamos a los estudiantes a tener control sobre la pausa. No permitáis que haya esa pausa. La pausa es asesina. Un ser humano mata constantemente muchos, muchos tejidos de su cerebro todo el tiempo. Existen más de 10.000 millones de células en nuestro cerebro. Y muchas de esas células están muriendo todo el tiempo. ¿Por qué?. Por la pausa. Si esta pausa se extiende, morimos. A través de la respiración correcta, podéis permanecer sanos. Podéis mantener la salud con cosas simples. Podéis protegeros de muchas enfermedades a través de estos métodos preventivos. Podéis vivir por largo tiempo, lo que todos queremos, y disfrutar del mundo. Pero deberíais tener la capacidad, deberíais tener la fuerza. Y esa fuerza debería ser fuerza interior, fuerza desde Vosotros Mismos.

Así que cuando entendéis algo acerca de estos dos guardias: la inhalación y la exhalación, entendéis mucho acerca de la vida. En los manuales de Yoga se mencionan tres fases de la respiración: inhalación, *puraka*; exhalación, *rechaka*; y retención controlada o *kumbhaka*. La pausa significa *kumbhaka*. Debería ser controlada, debería estar bajo vuestro control. Cualquiera que haya controlado la pausa sale victorioso y está libre de la llamada de la muerte. Ha controlado la muerte. Es así cómo hacen los yoguis. Esto es *pranayama*.

La respiración se relaciona con el proceso mental y con vuestro cuerpo; es un vínculo. ¿Quién es el responsable de mantener este vínculo?. ¿Por qué no se separan?. Cuándo estáis pensando en ir a vuestra oficina, ¿por qué no acabáis yendo a la oficina de otro?. Cuando pensáis en volver a casa, ¿por qué no vais a la casa de cualquier otro?. ¿Cuál es esa coordinación entre vuestra mente y vuestro cuerpo?. Vuestra respiración es el puente entre los dos, y mientras permanece intacta, estáis vivos. El momento en el que se separan se llama muerte. Así que mientras respiramos, estas unidades funcionan juntas. En el momento que esos dos guardianes dejan de funcionar, ocurre la separación. ¿Qué es separación?. La muerte. ¿Qué es unidad?. la Vida. La muerte es un hábito del cuerpo. Un hábito muy arraigado. La teméis y no queréis pensar en ella. Amenazáis al niño diciéndole que si llora, un fantasma vendrá y se lo llevará. Es el fantasma de la ignorancia quien atormenta vuestras mentes todo el tiempo. Una vez que sepáis lo que es la muerte, no os asustará más. Así que ahora ya lo entendéis, muerte significa separación, unidad significa vida.

La muerte no significa aniquilación completa. Vivimos incluso después de la muerte. Entonces, cuerpo y mente consciente se separan de la mente inconsciente y del Espíritu. Cuerpo, respiración y mente consciente en funcionamiento durante el estado de vigilia, constituyen nuestra entidad mortal. La combinación de mente inconsciente y alma individual es semi-inmortal. Tan sólo el alma individual es inmortal. El alma individual y la mente inconsciente se separan de la mente consciente, respiración y cuerpo; esta separación se llama muerte. Aquí encontramos una clara definición de la muerte. Cuando uno muere, sigue existiendo. Mucha gente piensa que la muerte les liberará de todas sus ansiedades, todos sus problemas. No es posible. Es sólo como quedarse dormido. Si dormís ocho horas, ¿cómo va eso a resolver vuestros problemas financieros?. Una larga noche de sueño se llama muerte. Nunca va a resolver los problemas de nadie. No contéis con la muerte. Los problemas de la vida no son nunca resueltos por la muerte. Deberían ser resueltos por nosotros mismos en vida y esto debe hacerse aquí y ahora.

Las esposas a menudo dicen que sus maridos respiran muy mal. ¿Cómo están respirando?. Una larga inhalación con una exhalación corta o una exhalación larga con una inhalación corta. Esto perturba el movimiento de los pulmones. Los pulmones son como el volante en una máquina llamada cuerpo. Durante toda la noche, debido a que los pulmones de esta gran máquina están perturbados, el nervio vago derecho está perturbado; así que la estación de bombeo o corazón también, al igual que el cerebro. No podréis nunca tener una buena memoria si respiráis así. Es simple: evitad las pausas. *Prana apana gatirudhva pranayama parayana. Prana* y *apana*, inhalación y exhalación, pueden ser controladas muy fácilmente. Así que si vuestro sueño no es de buena calidad, no lograréis descansar. Por eso mismo estáis cansados por la mañana. Incluso con ocho horas, diez horas de sueño, parece como si alguien os hubiera pegado una paliza. El descanso debería daros un aspecto fresco.

Como el sueño no os puede dar descanso total, el descanso consciente es importante. Para esto hay un método muy sencillo: Aprender a descansar a través de la meditación de 5 a 10 minutos por la mañana y otro tanto por la tarde. Aprended a sentaros en quietud. Si no estáis acostumbrados a sentaros con las piernas cruzadas en el suelo, podéis sentaros en esa postura llamada en las escrituras budistas: maitreyi asana. Poned las manos sobre las rodillas, cerrad los ojos suavemente y respirad.

Respirad profunda y diafragmáticamente sin ruido, sin sacudidas y sin pausa. Observad el fluir de vuestro aliento. No tenéis que buscar ningún otro objeto para concentraros. A medida que observéis el fluir del aliento, vuestra mente encontrará más fácilmente la paz. ¿Sabéis lo qué es?. La Paz es un espacio entre dos guerras. Esa paz que saboreáis es un espacio entre dos pensamientos. Un pensamiento viene y pasa. Hay un momento en el que otro pensamiento todavía no ha venido. Este periodo se llama paz. Si sois capaces de expandir este momento que está entre dos pensamientos, esto es la meditación.

¿Qué hacer después?. Después de haber aprendido cómo sentaros en quietud, después de haber aprendido cómo tener una respiración serena, después de haber aprendido cómo concentraros en la respiración; encontraréis que uno de los lados de la nariz permanece cerrado, es decir, menos abierto que el otro. Rara vez encontraréis que ambos lados fluyen libremente. En los manuales de yoga, la activación del lado izquierdo se llama *ida* y la del derecho se llama *pingala*. *Ida* es la luna y *pingala* es el sol; noche y día. Cuando el día se une con la noche, en el amanecer, hay *sandhya* o encuentro de la noche con el día. Del mismo modo, al anochecer está el *sandhya* del día y la noche. Estos son los mejores momentos para la meditación, porque en esos momentos ambos lados de la nariz fluyen libremente, con *sandhya* entre *ida* y *pingala*. Este *sandhya* se llama: aplicación de *sushumna* (ver Apéndice D). Para la aplicación de *sushumna*, aprended a concentraros en el espacio entre los dos lados de la nariz. Poco a poco descubriréis que ambos lados fluyen libremente. Cuando esto ocurre no podéis pensar nunca en algo malo. Durante este *sandhya* de los dos lados, deberíais aprender a meditar y así experimentaréis la alegría, la cual dicen los rishis, antiguos sabios, que es la alegría de *sushumna*. Esto significa que deberíais aprender a crear una situación para que la mente esté alegre, si queréis meditar.

Podéis aprender cómo respirar antes de iros a la cama, antes de comer, y por la mañana. Tres veces al día, cinco minutos completos os ayudarán. Una respiración profunda y fácil no requiere mucho esfuerzo. ¿Queréis comer la mejor comida, pero no queréis respirar adecuadamente?. Esto no es saludable. En el momento en que os despertéis, tan sólo sentaos y haced que vuestro cuerpo se aquiete. Ahora bien, si un idiota come, seguirá siendo idiota cuando salga del comedor. Si un idiota está enganchado al sexo, saldrá de su habitación siendo todavía idiota. Si duerme, se levantará como un idiota. Pero si practica la meditación saldrá como un sabio. ¿Cómo meditar?. El primer paso es estar tranquilo, quieto; el siguiente es respirar armoniosamente y el tercero es soltar.

Vuestra mente y vuestra respiración son dos grandes amigos, amigos inseparables; funcionan juntos. Por lo tanto cuando entrenáis vuestra respiración, vuestra mente está siendo entrenada, pues viven juntas; son amigas muy íntimas. Traer la mente bajo vuestro control consciente significa entrenar vuestra respiración, lo cual se puede hacer fácilmente. Podéis con facilidad controlar esta parte de la mente que se llama mente discursiva y una vez que logréis esto, tendréis fe en vuestras prácticas, tendréis confianza, iréis más allá. Para ello, se requiere un poco más de esfuerzo, pero nada es imposible.

Capítulo V

La Mente

No he venido a enseñaros religión porque eso ya lo tenéis. He venido a enseñaros algo que no tenéis, aquello que falta. Y eso se llama una filosofía personal de la vida, que os sostendrá vayáis donde vayáis. Así que os diré algo sobre la mente y sobre lo que está más allá de la mente. Me gustaría daros ambas visiones: la oriental y la occidental, e intentar explicaros los diversos aspectos de la mente y sus modificaciones, para que no haya confusiones y podáis empezar a trabajar sobre vosotros mismos. Nosotros, los seres humanos, tenemos todas las capacidades y podemos alcanzar la meta de la vida aquí y ahora. Pero la pereza o la holgazanería es el mayor de los impedimentos. Hay que trabajar duro para aprender cualquier cosa. Para aprender inglés tuve que trabajar duro. Si no se trabaja duro ¿cómo se puede lograr nada?. Primero hay que conocer el lenguaje, luego hay que saber la práctica y finalmente hay que seguirla.

Si queréis trabajar sobre vosotros mismos, empezad a practicar, a observar vuestras actividades y a no dejaros atrapar por el obstáculo auto-creado que surge de la pereza. La cuestión es, ¿habéis decidido?, ¿estáis decididos a trabajar sobre vosotros?.

¿Cuánto tiempo os va a llevar?. Diez minutos al día de trabajo con vosotros mismos. En el mundo exterior uno se puede perder fácilmente, pero en el interior no existe ninguna posibilidad de perderse. ¿Por qué tenéis miedo?. ¿Miedo de quién?. En realidad, todos los miedos están en vuestro interior, los habéis creado vosotros, todos los miedos son vuestros. Nunca los habéis examinado, por eso sufrís. Así pues, aprended a trabajar sobre vosotros mismos. Este es el punto de encuentro entre oriente y occidente, y llegará finalmente el día en que toda la humanidad dirá con una sola voz que la mente es la fuente de todos los problemas y que la mente es la fuente de todas las soluciones.

Siempre que os dispongáis a observar vuestra mente hay en ella una imagen. La imagen interior se llama imaginación. Le dais vueltas a esa imagen y cuando esa imagen pasa, viene otra imagen. A menudo pensamos así: "Mi vecina, ¿quién se cree que es?. Se cree que tiene mucho dinero. Se cree que viste mejor que yo y que tiene mayores diamantes que yo. ¿Quién se cree que es?" Y seguís pensando así todo el rato perdiendo tiempo y energía. Y de esta forma se derrota el propósito de la vida humana, porque nadie os enseña a utilizar este breve lapso de vida de manera que se vuelva una vida productiva, creativa y satisfactoria. Pero hay un camino. Este breve lapso de vida se puede utilizar y en esta encarnación se puede alcanzar el propósito de la vida; uno se puede realizar.

Muchos de vosotros pensáis que no se puede domesticar a la mente, que no se la puede pulir, dirigir; hacerla útil. Esto no es verdad. Algunos de los grandes hombres lo han hecho. Muchos de vosotros lo queréis, pero no practicáis. Tenéis que entender algo acerca de la mente. Es fácil entender a la mente a

base de entender vuestros patrones de pensamiento.
Viene un pensamiento, luego viene otro, luego otro,
otro, otro y así continuamente. Si estudiáis los
patrones de vuestras ondas mentales, encontraréis
que hay un espacio entre dos pensamientos.

Limpiar la mente, purificar la mente, significa
aprender a entrenarla, es igual que ahormar un zapa-
to nuevo. Si aprendéis a entrenar vuestra atención,
podéis hacer maravillas en el mundo. En los países
tropicales la temperatura sube a menudo por encima
de los 130º Fahrenheit (aprox. 49º C), pero no puedes
cocinar la comida con ese calor porque no está concentrado. En otro sitio la temperatura baja mucho. Sin
embargo, no se puede utilizar eso para hacer funcionar el aire acondicionado. Lo que hace falta es una
fuente concentrada. Del mismo modo, si entrenáis
vuestra mente para que sea capaz de concentrarse
bien, podéis transformar toda vuestra personalidad.
Incluso aunque no podáis cambiar nada en el mundo
podéis transformar vuestra vida, y podéis hacer maravillas en vuestra vida. Hay métodos simples para
conseguir esto. Nosotros, a quienes se nos considera
profesores, hemos complicado mucho las cosas. Si se
pone de forma sencilla, quizá sea fácil de entender. Yo
creo que hay que seguir a la materia de estudio, no al
profesor. Profesor significa transmisor de
conocimiento y se debe seguir el conocimiento. No se
debe dar mucha importancia a la individualidad, la
materia de estudio es lo que debe tener mucha importancia. Es la ciencia del Yoga lo que sufre a conse-
cuencia de esto. Un profesor dice: "Este es el método
correcto." Otro profesor dice: "No, sólo mi método es
el correcto." Y el pobre estudiante está confuso. Al
cabo de un tiempo se encuentra con que le han robado la mente, le han robado la individualidad, le han
robado la cartera.

Las cosas son muy sencillas si aprendéis a ser prácticos. ¿Qué significa ser práctico?. Práctico significa que todo lo que creáis sea auténtico, y debéis reflejar esto en vuestra forma de hablar y también en vuestras acciones. Eso es lo que se llama ser práctico. Hubo un tiempo en que gente así era llamada *apta* en sánscrito. *Apta* es la persona que piensa, habla y actúa de la misma manera. Con el tiempo, *apta* se cambió por *aap*, la forma respetuosa de 'usted' en hindi. Para decir: "¿Cómo está usted?" En hindi se dice *'Aap kaise hai?'* Ta ha desaparecido. Hay otra palabra sánscrita llamada shresht. *Shresht* significa una gran persona, un líder. Eso hoy se ha convertido en *seth* o propietario. No cabe duda de que estamos en continuo cambio todo el tiempo, pero no debemos olvidar el objetivo o meta de la vida.

¿Qué problema es éste de la presión sanguínea?. ¿Quién te está presionando?. ¿Qué problema es éste del ataque al corazón?. ¿Quién os está atacando el corazón?. Tengo que dejar mi cuerpo, igual que vosotros, pero por lo menos soy feliz y vosotros no lo sois. ¿Cómo podéis disfrutar bajo la presión del temor?. La mayoría de las parejas que hay no disfruta. ¿Por qué?. Porque están bajo la presión del temor al mañana, al futuro. ¿Cómo podéis disfrutar?. El disfrute se dará cuando estéis libres de miedo. Y estaréis libres de miedo sólo cuando vayáis más allá de vuestra mente. Mientras permanezcáis en el terreno de la mente consciente e inconsciente, no podréis disfrutar jamás la vida, porque el centro de la vida, el centro de Consciencia, está más allá; es lo que se llama el alma individual.

Recordad que todo el cuerpo está en la mente, pero toda la mente no está en el cuerpo. Esto es un hecho admitido. Los Upanishads, la parte final y mejor los Vedas, sí que hablan de esto, sí que lo discuten, sí que lo explican. Confucio, los budistas, el Zen, el Zazen; todos lo explican. Todos encontraron el mismo problema, problema creado por la mente. Mi mente no os crea problemas a vosotros. Vuestra mente no me crea problemas a mí. Vuestra mente os crea problemas a vosotros. Por eso el Rig Veda, la escritura más antigua en la biblioteca del hombre, dice: tanureva tanno astu bhesajem. ("¡Oh hombre! Tienes cualidades y con la ayuda de esas cualidades puedes curar las enfermedades que tú mismo creas").

¿Qué hace la ciencia médica hoy?. Todos los médicos están enfermos, y los enfermos están tratando a los enfermos y el mundo entero es un hospital. Los ciegos guían a los ciegos. ¿Dónde van a ir?. Irán a la perdición. Todos están experimentando, no hay nada concluyente. El experimento que se acepta hoy se descarta mañana. Nadie debería decir soy un científico y mi palabra es definitiva. No hay nada definitivo hasta el momento. Por tanto, deberíamos seguir haciendo esfuerzos para reducir el sufrimiento y acomodar a los demás. Un médico vé a un paciente con mucho amor y le dice: "venga, anímate, me esforzaré lo más posible para ayudarte". Y otro médico no tiene tiempo, receta pastillas y se marcha. Habrá diferencias entre los resultados de cada uno. Un médico, dijo que el 50% de las enfermedades se curan por la forma en la que el médico visita y trata al paciente.

Pero yo voy un paso más allá. Os digo que sois vuestro propio médico. El día que lo entendáis, entonces habréis descubierto algo grande. Hay en vosotros poderes curativos. Entraréis en contacto con ellos cuando dejéis de ser negativos. La negatividad es una cosa muy peligrosa, y la mayoría de vosotros sois negativos. Si vuestra pareja vuelve un poco tarde a casa, os preocupáis ¿Qué pensáis?. No pensáis positivamente. Inmediatamente pensáis que ha tenido un accidente, o que os ha abandonado. Pensáis todas estas cosas negativas, nada positivo. De manera que vuestra actitud hacia la vida es totalmente negativa y a eso se le llama sufrimiento auto-creado. ¿Por qué los seres humanos son tan negativos?. ¿Por qué?. Según datos psicológicos recogidos por la sociedad americana, hay un 70% de negatividad en un ser humano. Son estupendos recogiendo datos, y muy veraces.

Todos buscáis aprobación, pero no necesitáis la aprobación de nadie. Una esposa siempre está pendiente de los estados de ánimo de su esposo. Por la mañana él dice: "Cariño estás muy guapa". Y ella responde: "Me has alegrado el día". Es un mal entrenamiento ya desde el inicio. No necesitáis apoyaros en nadie para conseguir aprobación. Eso es perjudicial. Llegará el día en que esa persona se marche. ¿Qué le pasará a la persona que dependió totalmente del otro toda su vida?. Está haciendo a esta persona desgraciada.

Sugerencias, sugerencias, todo el mundo está abrumado de sugerencias. Sois buenos, sois malos. ¿Quiénes somos para juzgar?. ¿Cómo sabéis si soy bueno o malo si no os conocéis ni a vosotros mismos?. Un ejemplo: Un borracho que está desnudo le dice a otra persona desnuda ante él: "¡Eh, estás desnudo!" No se da cuenta de que él también está desnudo. Deberíais dejar a un lado la negatividad y empezar a ser positivos. De este modo crearéis una fuerza de voluntad dinámica que dice: "Puedo hacerlo, quiero hacerlo, y lo haré". Por el contrario, si decís: "No puedo hacerlo, no soy capaz de hacerlo", estáis matando vuestros potenciales humanos.

Sabéis cómo se forma un cáncer. Supongamos que por accidente os cortáis un dedo y empieza a sangrar. Muchas células de vuestro cuerpo acuden a la parte dañada. En unos minutos veréis que ha dejado de sangrar. ¿Por qué?. Porque todas las células necesarias han acudido al sitio de la herida. Pero supongamos que más y más células acuden, habrá un crecimiento exagerado. Eso se llama cáncer. Se puede incluso prevenir este tipo de enfermedades si se entiende una cosa llamada control sobre el sistema involuntario.

El cuerpo humano tiene poderes para curar sus propias enfermedades, siempre y cuando conozcáis vuestro cuerpo. No hablo de religión. Todas las grandes Escrituras del mundo dicen una y la misma cosa: "Entra en quietud, queda en quietud". Durante unos minutos por la mañana y por la noche, todos los seres humanos deberían aprender a estar en quietud. ¿Por qué?. ¿Por qué verán a Dios?. No, eso no es necesario. Estarán sanos. Para vuestra salud mental es importante que entendáis la quietud, el silencio. Durante ese tiempo, la mente que no descansa durante el sueño, descansa. Habitualmente, podéis controlar el sistema voluntario, podéis ejercitar y desarrollar todos los músculos, pero no tenéis control sobre vuestro sistema involuntario. Para eso deberíais aprender a estar quietos, callados y deberíais aprender a respirar de una manera serena. Los científicos se han dado cuenta de que el 70-80% de todas las enfermedades son psicosomáticas, se originan en la mente y se reflejan en el cuerpo. Estas enfermedades están creadas por nuestra forma de pensar, por nuestros pensamientos negativos, por no tener control sobre nuestra vida emocional, por no organizar nuestra conducta y por no entender cómo comportarnos en el mundo exterior, lo que es en realidad una cosa muy simple. Por tanto, es algo importante para el ser humano: relajarse, aprender a dar descanso a esa parte del sistema que normalmente no sabemos cómo relajar. Solamente el 25% de las enfermedades vienen del exterior, son infecciosas o hereditarias.

De manera que sois vuestro propio médico. La escuela de meditación dice que si meditáis unos pocos minutos cada día, regularmente; evitaréis estar enfermos. Eso se llama cura preventiva. Sabéis que se investiga en el mundo entero sobre cáncer, infartos y otras enfermedades. La prevención es mejor que la cura. El sistema de glándulas endocrinas, cadena de glándulas que segregan directamente el flujo sanguíneo, apenas lo conocen ni los más expertos. Se sabe muy poco de estas glándulas. Pero, ¿Quién controla el sistema de glándulas endocrinas?. Nuestra mente. Si se pone a la mente en estado de reposo mediante la meditación, incluso el sistema endocrino puede ser controlado. Nuestros experimentos en el laboratorio Menninger demostraron que la mente es capaz de crear un tumor y la mente es capaz de disolver un tumor.

Si no entendéis lo que significa *manas*, mente, no entendéis nada acerca de vosotros mismos ¿Cómo podéis controlar la mente?. Si creéis que la mente es vuestro enemigo, o hacéis de ese enemigo un amigo o podéis destruirlo. No tenéis el poder de destruir la mente, así que más os vale entablar amistad con ella. Deberíais aprender a tener un diálogo amistoso con vosotros mismos, un diálogo creativo. San Tukkaram del Maharashtra lo hizo, manah sarvada bhhakta ponte bhi jayaate ("¡Oh mente!, aprende a seguir el camino de la corrección. No me desvíes"). Tukkaram hablaba a su mente como a un amigo. Este diálogo os llevará a entender la mente. Estáis todo el día en lucha contra ella. Esa batalla, esa batalla interior, es el tema de la Bhagavad Gita. Estáis todo el día luchando, de la mañana a la noche. O te rindes, o luchas, pero nunca ganas ¿Habéis leído la Gita?. ¿Qué significa Arjuna?. Arjun karne wala. Alguien que hace esfuerzos, esfuerzos sinceros, se llama Arjuna. Y aquel que te ayuda se llama Krishna. Así que hay dos personajes en la Gita y su diálogo es para todos.

Tenemos que descubrir el secreto de pulir, domar o aprender a tener un control perfecto sobre la mente, que es el mejor instrumento de todos. Pero sólo se puede abarcar una pequeña parte de ella. La totalidad de la mente no se pone bajo nuestro control porque una gran parte de ella sigue siendo desconocida para nosotros. Muchos orientales, los que no han estudiado psicología, ni filosofía occidental dicen: "¡Oh!, la filosofía occidental no vale nada, la psicología occidental no vale nada." Son tontos. Freud dice algo muy definitivo. Freud dice que si la parte desconocida de la mente se conoce, entonces se conoce toda la mente. Adler, Jung, todos estos sicólogos intentaron entender la mente. Lo que entendieron, de una manera científica, es notable. Lo que he aprendido de ambas, de la interacción de Oriente y Occidente, es que la mente inconsciente es como un iceberg que está escondido bajo el agua, desconocido para nosotros. La punta del iceberg que se ve flotando sobre el agua se llama la mente consciente, lo que está escondido se llama mente inconsciente. Cuando nos acercamos encontramos que no es realmente la mente, es un enorme depósito.

Decís que la mente anda divagando, dejadla divagar ¿Por qué estáis molestos?. Nunca va a ir a ninguna parte. Volverá a vosotros. Dejadla ir, no sigáis a la mente. Una vez le pregunté a mi Maestro cómo practicar. Y me respondió: "La mente te dice que vayas por allí, pero no vayas. Dile a tu mente: "¡Oh mente! Si quieres irte, eres libre de irte ¿Qué puedo hacer yo?. Pero, yo no voy ahí". Luchar con la mente nunca se considera control. Por tanto, aprended a conducir la mente, trazad una cierta ruta para que la mente viaje por ella, esto se llama aprender a tener control sobre la mente y sus modificaciones.

Ahora os voy a contar algo sobre los tipos de problemas que surgen cuando uno intenta conocer la mente. Un amigo mío me dijo una vez: "En este sendero hay un fantasma." Era de noche pero no le creí y dije: "No me importa. No lo he visto y no tengo curiosidad por verlo." Nos olvidamos por completo de esto. Uno o dos meses más tarde, volví a pasar por allí y era una noche oscura. De repente me acordé de que mi amigo había dicho que ahí vivía un fantasma. Aunque yo no creía, ¿por qué lo recordé?. Porque todo lo que pasa por la mente consciente finalmente se filtra a la mente inconsciente que es vastísima. Se debe comprender la totalidad de la mente, no solamente esta parte pequeña: la mente consciente, que cultivamos durante la vida diaria.

La mente da vueltas y no sabéis qué hacer. Mucha gente cierra los ojos y no sabe qué más hacer. La mente corre de acá para allá de una manera natural. Siempre protestáis de que la mente huye. Si conocéis el sistema, la mente no huirá. Intentáis impedir que la mente piense, pero pensar es la naturaleza intrínseca de la mente. Mente significa un catálogo de pensamientos, una serie de pensamientos. Así que cuando la mente tiene un movimiento particular, aprended simplemente a guiar su movimiento de acuerdo a vuestras órdenes. Eso se llama control de la mente. No pensar es imposible, pero pensar conforme a vuestro plan se llama "una forma organizada de pensar".

La mente es un mago, no escuchéis a vuestra mente. Deberíais aprender a educarla suavemente y conseguir así tener mando sobre ella algún día. Deberíais preguntaros si pertenecéis a vuestra mente o si la mente os pertenece. Si la mente os pertenece lo natural es aprender a utilizarla correctamente. Si la mente pertenece a vuestro vecino, dejad que el vecino se ocupe de ella. Si mi mente piensa constantemente en mi vecino y está celosa de mi vecino, significa que mi mente pertenece a mi vecino y no a mí.

La gente habla mucho de "control de la mente", se ha convertido en un asunto candente hoy en día. No es suficiente entender que tengo mente y cómo controlarla. A menudo dice la gente: "Te voy a enseñar a controlar la mente," y no sucede nada. En vuestra vida necesitáis intentar saber algo acerca del cuerpo, de la respiración y de la mente; entonces os resultará fácil entender. Estoy presentando dos visiones: la occidental y la oriental. He vivido en los Estados Unidos durante casi 25 años y antes de eso pasé toda mi vida en el Himalaya intentado entender la vida con sus valores, con sus corrientes y contracorrientes. Podéis hablar durante horas y horas, pero lo práctico es intentar entender vuestra mente. Os dais cuenta de que la mente es un gran mago. Tenéis que ser pacientes en el trato con la mente consciente. Ahora tenéis que determinar que nada que venga a vuestra mente os perturbará y que lo dejaréis marchar. De este modo empezáis la introspección y entonces nada os afectará. La inspección hacia dentro se llama introspección. La policía detiene al criminal, el juez le castiga pero el testigo permanece inafectado. Sois testigos de toda la actividad que tiene lugar, no os afecta. Con esta forma de aproximación se pueden alcanzar los más altos reinos interiores.

Decís que la mente es potente y es verdad, la mente es potente por naturaleza. Pero potente, ¿en qué sentido?, ¿para ser creativa o para ser destructiva?. Esta es la cuestión. De modo que hay que entrenar a la mente. Tu mente y mi mente son débiles en comparación con la mente de un ladrón. Cuando roba a alguien, roba con toda su fuerza de voluntad, con la mente enfocada en un solo punto.

¿Para qué queréis ser conscientes, ser constantemente conscientes?. Porque habéis llegado a la conclusión de que siendo constantemente conscientes alcanzaréis la libertad, aquello que Buda llama liberación de todas las miserias y ataduras; un estado libre de toda esclavitud. Por eso se necesita estar permanentemente consciente.

La determinación firme en sánscrito se llama sankalpa shakti. "Hoy no me moveré, no me revolveré, porque eso trae tensión y estrés a mi cuerpo." Mantened el cuerpo relajado, con la cabeza, el cuello y el tronco en línea recta, respirad de una manera serena y aprended a observar vuestro proceso mental. No os identifiquéis con los objetos del mundo, porque de ese modo os olvidáis de Vosotros Mismos. Cuando venga un pensamiento cualquiera, decidid: "No voy a identificarme con los patrones de pensamientos que tienen lugar en mi mente. Solamente voy a ser testigo de mis pensamientos. Pase lo que pase durante esos momentos no permitiré que nada me perturbe. Dejaré que mis preocupaciones aparezcan después. No quiero que me estorben." De este modo no os identificaréis con los patrones de pensamientos, olvidando vuestra verdadera naturaleza. Tenéis la costumbre de preocuparos. Así que recordad conscientemente: "No me dejaré perturbar". De este modo, poco a poco vais construyendo vuestra sankalpa shakti: la determinación. Sankalpa shakti es algo magnífico. No necesitáis despertador, no necesitáis reloj, vuestra mente os lo recordará inmediatamente. Expandid gradualmente vuestro sankalpa shakti. Si queréis hacer algo, si tenéis deseo de hacerlo, pero no podéis hacerlo y no podéis encontrar los medios de hacerlo, es porque no hay fuerza de voluntad. Antiguamente, los rishis, los grandes visionarios, siempre solían recordar: "Puedo hacerlo y lo haré, tengo que hacerlo, pase lo que pase." Esto se llama fuerza de voluntad. Si queréis hacer algo, simplemente hacedlo. Dejad de pensar en ello. Dejad de hacer otras cosas. Simplemente hacedlo pase lo que pase, cueste lo que cueste. Eso creará voluntad dinámica y esa voluntad dinámica os permitirá hacer maravillas en el mundo.

La mente no puede ser infinita. Tiene limitaciones. En uno de los Upanishads, el Ishopanishad, eso está divinamente expuesto: *aneja dekam manasoyaviyo*. "A" quiere decir "no". "No tiene movimiento, pero corre más que la mente". Es una descripción de Atman, el alma. Significa que si Atman está en todas partes, ¿hacia dónde podéis correr?. La mente, un instrumento magnífico y una buena herramienta, puede crear el paraíso o el infierno para el ser humano, pero no puede correr más que el alma, porque el alma está en todas partes, y la mente tiene sus limitaciones.

Chatushtaya antahakarana. Chatushtaya quiere decir cuatro. La mente, *antahakarana* o instrumento interno, se conoce entendiendo las cuatro funciones importantes de la mente. Igual que tenemos cuatro extremidades, dos piernas y dos brazos, del mismo modo el instrumento interno tiene cuatro funciones: *manas, buddhi, chitta* y *ahamkara*.

Tomemos una rueda de bicicleta. La rueda gira debido a sus radios. Si no hay radios la rueda no girará. Además, los radios giran porque hay algo que no gira llamado eje. Si el eje se pone a girar, entonces los radios no se moverán. Esta vida humana es como una rueda. De manera que esta rueda gira sobre la base de los radios de *manas*, buddhi, chitta y ahamkara. Este cuerpo se mueve porque tenemos estos cuatro radios en nuestro interior. Ahora, ¿Queréis conocer la naturaleza de vuestro alma?. La podéis conocer fácilmente con este diagrama (Figura 2).

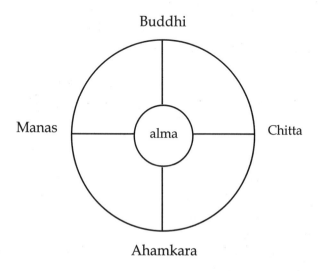

Figura 2

En el centro hay un eje. Ese eje se llama alma, alma individual. ¿Cuál es la naturaleza de vuestra alma individual?. No se mueve y sin embargo, crea todos los movimientos. Nuestra alma individual está más allá de todo movimiento. Todos los movimientos se deben a la mente. En el mundo exterior todo está sujeto a movimiento. La física dice: "Todos nos movemos, todo se mueve". Pero debe haber algún centro donde nada se mueve. ¿Quién crea todos los movimientos, pero no se mueve?. Esa es la naturaleza del alma. Debido al alma todo se mueve, pero el alma misma no está sujeta a movimiento, porque no hay ningún poder más allá del alma que pueda crear movimiento en ella. Estoy hablando del alma individual, luego os diré cuál es la relación entre el alma individual y el alma universal. Vuestra alma individual es como una gota de agua, el alma universal es como el océano. Cualitativamente son una y la misma. Cuantitativamente no. Necesitan unirse y eso es a lo que aspiramos todos. Entonces, ¿por qué nos odiamos unos a otros?. Es debido a la ignorancia. ¿Por qué creéis que esta religión es mejor que aquella religión?. Todas las religiones son una y la misma, fundamentalmente. Se diferencian únicamente en los aspectos no esenciales.

Tenemos que entender estas cuatro funciones de la mente. He aquí una nueva analogía: un ser humano es como una fábrica activa. Los hombres de negocios, entenderán esta analogía de una fábrica interior. En esta fábrica, la parte responsable de la importación y exportación se llama *manas*. "¿Lo hago o no lo hago?" Cada vez que vas a hacer algo, ese agente en particular se presenta: "¿Lo hago o no?" "Obtengo tal comisión, tal beneficio" "¿Hago este negocio o no?" La naturaleza de *manas* es siempre dudar, siempre en discusión con vosotros mismos. Aquello que decide lo que es bueno para ti y lo que no lo es, se llama buddhi. La estructura completa se llama chitta. Chitta es el almacén de méritos y errores a través del cual recibís todo el conocimiento. Todo este poder de pensamiento viene del chitta. El conjunto de la fábrica está gestionado por el ahamkara o ego. Entonces, ahamkara o el " yo", dice: "Esto me pertenece", "esto no me pertenece". Esto es lo que ocurre: el alma individual le da a ahamkara el poder de gerente, pero ahamkara olvidándose de ello, se

hace con todo el poder y dice: "Esta fábrica es mía".
Este es el problema de todos ¿Por qué sois desgraciados hoy?. Sois desgraciados porque habéis olvidado a
vuestro dueño y creéis que lo sois todo. Lo que os
separa del todo, lo que os separa de la Realidad, lo
que os separa del Absoluto, se llama ahamkara. El
atajo más corto es rendir vuestro ahamkara. Cuando
aprendáis a hacer esto, esa rendición es el mayor de
todos los yogas. Se puede hacer mediante la oración,
la meditación o la contemplación. Ahamkara se suele
utilizar sólo para propósitos externos. La rendición es
beneficiosa.   Cuando ahamkara se percata de la
Realidad del alma, entonces esto se llama auto-rendi-
ción.

Os dije que *manas* significa aquello que no tiene
capacidad para decidir, pero tiene una doble naturaleza: Sankalpa vikalpatmakam manah, y
Antarmukhi bahirmukhi. Por lo tanto, *manas* funciona tanto hacia dentro como hacia fuera. Buddhi
quiere decir aquello que discierne, valora y decide;
estas son las tres funciones principales de buddhi. Lo
podemos llamar la razón. Cuando *manas* consulta a
buddhi, buddhi decide; entonces *manas* no comete
errores. Así que cuando estáis realizando alguna
acción, *manas* siempre dirá: "¿Lo hago o no lo hago?"
Dejad que la mente le pregunte a buddhi, la facultad
que decide. Si observáis vuestra mente, veréis cómo
hace muchas trastadas. Vais a cometer un robo y
manas, la mente, os dirá: "Adelante, seguid". Pero
manas también os dice: "Si cometes un error, si te
cogen, irás a la cárcel". Luego *manas* os dirá: "¿Por
qué no disfrutar de los privilegios del robo?" *Manas*
sólo puede pensar: "¿Lo hago o no lo hago, lo hago o
no lo hago?" Entonces está buddhi: "Si cometes un
robo, te cogerán e irás a la cárcel." Inmediatamente
vuestro buddhi tomará una decisión. Todas vuestras

decisiones y valoraciones dependen de él. De modo que, ¿qué hacen los sabios?. Consultan a su buddhi y con la ayuda de él controlan su mente, que está siempre vacilando.

De modo que en el momento en que entendáis lo que son *manas*, buddhi, chitta y ahamkara, entonces sabréis algo acerca de vuestra mente. Un yogui sabe cómo establecer coordinación entre las cuatro funciones diferentes del antah karana. Entonces no hay ningún problema. Pero si buddhi piensa algo diferente, y *manas* piensa algo diferente, y ahamkara se va por su cuenta, entonces no hay coordinación alguna. Igual que se necesita coordinación entre los miembros del cuerpo para ser una persona sana y normal, igual se necesita establecer la coordinación en vuestro propio interior, entendiendo a *manas*, *buddhi*, *chitta* y *ahamkara*. Si aprendéis a establecer la coordinación entre los cuatro aspectos del antah karana, siempre habrá tranquilidad interior. Y esta tranquilidad os ayudará a realizar acciones correctas, acciones beneficiosas. Cuando lográis que todos los aspectos de vuestra mente estén dirigidos, se centren hacia el interior, que fluyan hacia vuestros estados profundos, explorando todos los aspectos sutiles de la vida; entonces os hacéis conscientes de la fuente en vuestro interior. Esta es la biblioteca infinita, el conocimiento infinito que está dentro de vosotros.

Examinemos la mente consciente. Incluso si no vais más allá, os será muy beneficioso. Simplemente sentaros en quietud os beneficia. El siguiente paso es cómo relacionarse con la parte consciente de la mente. En primer lugar tendríais que entender algo acerca de esta parte. La mente consciente es esa parte que se usa en la vida diaria, en el estado de vigilia. Cuando estáis despiertos, es lo que utilizáis. Esta parte de la mente que ha sido educada por vosotros, cultivada por vosotros, en las universidades y los colegios; no es sino una pequeña parte de la totalidad de la mente. Por tanto, aunque esté entrenada, guiada y cultivada, la mayor parte de la mente sigue siendo desconocida para vosotros. Esta parte de la mente que sueña, que duerme, no está bajo vuestro control; ni siquiera esta parte de la mente que estáis usando ahora, está bajo vuestro control. Cuando aprendáis a entender la mente consciente, os daréis cuenta de que es la entrada a la "ciudad de la vida", a un vasto almacén llamado mente inconsciente.

Si os miro, mi nervio óptico recibe la imagen, la manda a mi cerebro, de ahí a mi mente consciente y finalmente a mi mente inconsciente. Y allí se almacena. Ahora quizá no os vea durante algún tiempo. Cuando vuelva a veros, os reconoceré, porque esta forma que he almacenado en el inconsciente me recuerda que os he visto antes. De modo que este almacén que hay dentro de vosotros, donde almacenáis los méritos y los errores de vuestra vida, es muy amplio.

Es interesante observar la parte de la mente que intentáis entrenar y educar y la otra parte de la mente que os ayuda a hacer eso. Poco a poco, encontraréis que vuestra mente consciente se está expandiendo. Y entonces podréis dejar que salgan todos los pensamientos del sótano, de la mente inconsciente, del almacén. Pero no debéis involucraros. Pongamos un ejemplo: Si necesitáis con urgencia un medicamento, vais corriendo a la farmacia, sin entreteneros en el camino. Gradualmente, con este enfoque de la mente en un solo punto, podéis alcanzar esta otra parte de la mente que habitualmente está fuera de vuestro control.

Otra cuestión es cómo cultivar la totalidad de la mente y volverse creativo en el mundo, pero permaneciendo libre y por encima de él. ¿Hay alguna técnica mediante la cual uno pueda ser libre y vivir en el mundo?. Claro que sí. ¿Cuál es el camino?. El camino, se encuentra sólo yendo hacia dentro, al centro de Consciencia, de donde la Consciencia fluye en diversos grados. Si leo la Biblia entera o la Gita o cualquier libro sagrado, no me pasa nada. Si recito todas las Escrituras, no hay cambio alguno. En mi país, hay gente que se ha aprendido todas las Escrituras de memoria. Lo que está ocurriendo hoy día es que falta la práctica en nuestra vida diaria. Si practicamos un poco, tendremos experiencia. Y esa experiencia se convertirá en una guía y esa guía nos conducirá. Me gustaría que todos practiquéis y que por lo menos tengáis experiencia, para que ésta se convierta en vuestra guía. Si tenéis paciencia aprenderéis fácilmente a explorar científicamente esa parte de la mente llamada mente consciente. Pero no sabéis cómo controlar la parte de la mente que sueña o la que duerme. Solamente estáis utilizando una parte muy pequeña de la mente. Pero cuando se aprende a expandir el campo de la mente consciente, finalmente todo se hace consciente y no queda nada de mente inconsciente. Aprended a expandiros.

La mente tiene dos estancias: una es inconsciente, la otra es consciente. Consciente significa aquello que se utiliza en el estado de vigilia. ¿Estáis despiertos?. Cuando estáis despiertos, entonces esta parte de la mente que utilizáis se llama consciente. Esta parte de la mente que no utilizáis, pero que utilizáis cuando soñáis y dormís, no la conocéis. Veis en que situación tan patética está el ser humano. Nos pavoneamos de nuestro conocimiento, de nuestra riqueza y de nuestro saber hacer mundano. Pero no sabemos. Un hombre muy rico de repente soñó que se había convertido en burro. Así que toda la noche se la pasó siendo un burro y sintiéndose desgraciado. En su sueño le decía a su esposa: "Siento haberme casado contigo. Eres una muchacha tan bonita, pero yo soy un burro." Había olvidado por completo que era un hombre rico, esposo, padre y miembro respetable de una comunidad concreta. Y su mujer al mismo tiempo soñó que ella era una reina y su esposo un burro. En su sueño, se daba cuenta de que había sido un error casarse con él. En el estado de sueño dormían juntos y compartían una cama, pero no se conocían. Estaban muertos el uno para el otro. No eran conscientes el uno del otro, de sus hijos, de las cosas que hacían y compartían. No eran conscientes de nada de eso.

Así que estáis utilizando sólo una pequeña parte de la mente. No sabéis utilizar la parte de la mente que sueña o la parte de la mente que duerme. Grandes sabios conocían esta técnica, por eso se llamaron grandes. Aquello que consideráis grande en el mundo: fama, riqueza, etc.; es necesario para vosotros. Pero renunciaron a todo esto sólo para realizarse. Dedicaron todo su tiempo y sus vidas a saber y a tener perfecto control sobre la parte de la mente que está activa cuando se sueña y la que está activa cuando se duerme. La totalidad de su mente se puso bajo su control consciente. Antes de que hiciéramos experimentos en la Menninger Foundation en Kansas, nadie creía que el sistema que la ciencia occidental llama sistema involuntario, podía ser sometido a control voluntario. Pero después de los experimentos, todos los científicos empezaron a saber que no existe tal cosa como el sistema involuntario, que todo se puede llegar a someter al control consciente. Muchos de vosotros estáis confundidos con respecto a una cosa. Si sois científicos o médicos, no hablaréis de la mente, sino que hablaréis del cerebro. Si sois psicólogos o filósofos, hablaréis de la mente y no del cerebro. Pero tenemos ambos. El cerebro es como una bombilla, la mente es como la electricidad, y los cables, la red de cables, es como el sistema nervioso. El sistema nervioso es un canal para que fluya la electricidad. Si la bombilla está rota no hay luz, aunque haya electricidad y los cables estén intactos. O si la bombilla está bien, pero no hay abastecimiento; entonces tampoco hay luz. Así que para que todo funcione, tiene que haber una perfecta coordinación entre los tres.

Freud compara la mente inconsciente con una bolsa y no sabéis que estáis cargando con ella todo el tiempo. Es como vuestra sombra. Donde quiera que vayáis, vuestra sombra os sigue y no os abandonará. Siempre estáis cargando con esa enorme bolsa Todo lo que pensáis va a esa bolsa. No conocéis esa parte de la mente. Estáis intentando entender vuestra mente, tan sólo una pequeña parte de ella. No conocéis la totalidad de vuestra mente, consciente e inconsciente. Si sabéis cómo entrenar a la totalidad de la mente, podéis hacer maravillas en el mundo. Todos los que las han hecho fueron considerados grandes hombres porque conocían su mente. No tenéis que conocer el alma, porque ya está ahí. En cualquier situación, el alma está ahí. Lo que tenéis que conocer es vuestra mente. Y en el momento en que la conozcáis, podéis ir más allá del pantano de engaño creado por vuestra mente.

¿Cómo acercarnos a esta parte de la mente que es desconocida?. Empezando a trabajar con la parte conocida. Si agarráis la mano de alguien, todo el cuerpo vendrá detrás. Del mismo modo, podéis conocer la parte desconocida de la mente, a base de controlar la parte conocida

El primer punto es saber cómo estar aquí y ahora. El segundo punto es que cuando estoy soñando, no tengo control sobre mis sueños. Incluso aunque quiera soñar conforme a lo que yo elija, dulces sueños, como los llamáis, no tengo control. Si me deseáis dulces sueños, diré: "Por favor, no me deseéis algo malo. No quiero gastar mi tiempo soñando". No tenéis control consciente sobre vuestros sueños, sobre esa parte de la mente que sueña. No tenéis control alguno sobre la parte de la mente que duerme. La mayor parte de la mente permanece enterrada, permanece desconocida. Sólo cultiváis una pequeña parte de ella y os infláis de orgullo porque tenéis un doctorado, una educación, dinero, coche, todo eso. Los seres humanos son miembros de un paraíso de tontos. Voy por el mundo y veo a muchos, muchos intelectuales. Pero siento no encontrar a ninguno que practique. Sería bueno que os deis cuenta de que una gran parte de la mente os resulta desconocida. Ahora hay un tercer punto. Lo que consideráis paz, felicidad y bienaventuranza, ¿dónde vive? ¿dónde existe?. Si estuviera en algún sitio del mundo, los americanos lo habrían encontrado primero. Si la mente está en el interior, la paz debería de estar en la mente, o ser conocida a base de entender la mente. ¿Qué es la mente?. Todo el cuerpo está en la mente, pero no toda la mente está en el cuerpo. ¿Cómo conoceréis esa parte de la mente que no está en el cuerpo?. Por tanto, conocer la mente es muy importante y no conocer a Dios, porque Él ya está ahí. No tenéis que conocerle. El cuerpo ya está ahí, no tenéis que saber mucho acerca de él. Pero tenéis que conocer la mente. Así lo dicen las Escrituras: mana eva manushyanam karanam bandha mokshayo ("Entendiendo la mente puedes ser libre de toda esclavitud").

Con estas ideas sencillas, podéis estar libres del llamado estrés. Incluso en el campo de batalla, he pedido a mis estudiantes que hagan experimentos y me lo cuenten. Los que murieron, murieron, pero los que sobrevivieron me escribieron. Podéis tener paz incluso en el campo de batalla. ¿Cuál es el principio del karate o del kung fu?. La atención, solamente la atención. No desviéis vuestra mente a otra parte, enfocadla en un punto. Se experimenta una gran alegría al hacer que la mente se concentre en un solo punto hacia dentro, y que vaya al Centro de Consciencia que es la fuente de la Luz y de la Vida. Entonces podéis disfrutar del mundo, y de todas sus cosas. Pero, cuando vuestro deseo os urge a precipitaros para disfrutar de algo, os agotáis. Queréis disfrutar, pero no tenéis la energía para ello. Por lo tanto, mantened vuestro deseo de disfrutar, pero expandid vuestra energía a base de entender las sencillas leyes de la salud holística

Resulta fácil seguir un camino si el camino tiene postes kilométricos, para poder saber cuánto se ha avanzado y cuánto falta. Si desde el principio estudiáis sistemáticamente y seguís este camino, entonces no es difícil. Si aprendéis a sentaros en quietud, diez minutos cada día durante un mes, llegaréis a saber muchas cosas acerca de vosotros mismos. Cuando os sentáis, el cuerpo empieza a moverse. Estos movimientos son perturbaciones. Después de unos pocos días, no habrá grandes movimientos musculares, pero entonces los habrá más sutiles y crearán problemas. Cuando el cuerpo no se agita, no se mueve, no se tuerce de acá para allá, entonces se establece en la quietud. Esa quietud proporciona gran alegría. La alegría de la verdadera quietud física es bastante inusual. Esa alegría es completamente diferente de todo lo que habéis experimentado hasta ahora.

¿Podéis conseguir ese estado de la mente, ese estado de sabiduría aquí y ahora?. Afirmo que sí, que lo podéis hacer. He visto a muchos hacerlo y vosotros también lo podéis hacer. No salgáis de casa por lo mañana a menos que hayáis hecho algo de ejercicio, algo de respiración y después meditación. Diez o quince minutos son suficientes. Deciros: "Estoy practicando meditación para librarme del estrés. Por mi ignorancia, por mala alimentación, malas relaciones, estoy creándome estrés. Tengo que librarme del estrés. Y por eso estoy haciendo esfuerzos, por eso practico meditación." Pronto encontraréis que estáis experimentando alegría, que sois libres.

Capítulo VI

Las Emociones

Hoy día hay caos en todo el mundo, no porque falte gente inteligente, sensible o sana. ¿Cuál es el problema de la sociedad humana?. A pesar de los muchos experimentos realizados a tres niveles : mente, cuerpo y materia, no hemos sido capaces de crear un ser humano integrado. No hemos entendido la importancia de una forma de vida integral. El poder del pensamiento y el poder de la emoción son los dos grandes poderes. Para una integración total tenemos que saber cómo utilizar el poder de la emoción y cómo impedir que la mente esté perturbada por nuestras emociones.

Quizás hayáis oído esta analogía: Había una vez un hombre cojo, no podía caminar. No tenía muletas ni nada a su disposición. Y había un hombre ciego. Los dos querían ir al mismo pueblo. Comenzaron a conversar: " ¿Habrá alguna manera de llegar?, los dos tenemos el mismo destino" y después de una discusión, encontraron el modo. El hombre cojo se subió a hombros del ciego y lo guiaba hacia su destino común. Del mismo modo deberían combinarse las fuerzas del pensamiento y de la emoción para conseguir una forma integrada de vivir.

También significa que después de la introspección y de la comprensión correcta de los diferentes aspectos de los estados internos, todo el mundo puede encontrar soluciones en la vida. Aprended a pensar, no a rumiar, ni a preocuparos. Tened claridad de mente y dejad tanta preocupación. Todos los problemas pueden solucionarse porque son problemas que nos creamos nosotros mismos. Del mismo modo que creáis vuestros problemas, tenéis el poder de liberaros de ellos.

Virtualmente todas nuestras acciones están controladas por nuestros pensamientos. Y todos nuestros pensamientos están controlados por nuestras emociones. Uno puede ser una persona culta y educada en sociedad, pero de repente una sola emoción le trastorna y empieza a hacer cosas que no debería hacer. Una emoción puede perturbar todo el ser humano. Uno gasta mucho tiempo y energía en cultivarse, aprender cosas, educarse, sin embargo una sóla emoción puede perturbarle y convertirle en un monstruo.

Por ello vamos a ver qué emociones perturban toda nuestra entidad. Voy a explicarlo. Hay seis emociones principales que surgen de los cuatro instintos básicos: comida, sueño, sexo y autopreservación. La primera emoción es el deseo, también llamado *kama*. *Kama* es el deseo primario del que surgen todos los demás, es el ansia de placer y de poder. Si un deseo se satisface uno se siente orgulloso y esto es un problema serio. Si no se satisface es la razón por la que uno se enfada: *krodha*. ¿Qué es la ira?. El deseo no satisfecho es la ira. El deseo no se ha realizado por eso os enfadáis. Ira significa deseo no realizado.

El orgullo no significa respeto hacia uno mismo, esa es una noción falsa. Todas las cosas del mundo pertenecen a la Providencia. Por favor, utilizadlas, pero no intentéis poseerlas. Este es un grave error que se está cometiendo, algo equivocado en el pensamiento humano, en su comportamiento, en su comprensión. Así que ésta es la fórmula: "Todas las cosas del mundo pueden utilizarse pero, por favor, no os vinculéis a ellas porque no os pertenecen, os las dan". Si con este entendimiento, marido y mujer por ejemplo se sientan y hablan, la vida será hermosa. Los hogares serían entonces jardines del Edén, pero la gente moderna no tiene tiempo para hacer eso.

Había una vez un médico muy famoso y terriblemente ocupado. Tenía tres hijos. A las cinco de la mañana solía levantarse para ir al hospital y volvía a casa a media noche. Su esposa solía cuidar de los niños. Un día los niños se despertaron por la noche, lo vieron y preguntaron a su madre "Mamá, ¿quién es este hombre?" Esto es un caso frecuente, no tenéis tiempo para vuestras familias. Hay algo que se llama paz. Aprended a no estar atados a las cosas del mundo. El apego es la fuente de todos los sufrimientos.

También existen los celos, matsarya. Visité una vez una iglesia griega en Miniápolis en EE.UU., era mi primera oportunidad de visitar una iglesia ortodoxa griega. No es que yo crea en iglesias, mezquitas, ni templos. Mi templo es "Tú eres Eso". Vosotros sois mis templos, templos vivientes. He aprendido a ver a Dios en vosotros, si no sería muy desgraciado. En la iglesia se estaba realizando una celebración. El sacerdote hizo toda clase de rituales que yo no entendía, pero que podía aceptar por la diferencia de culturas. Delante de mí había una mujer y otra detrás. Pude observar como estas mujeres estaban celosas la una de la otra y estaban todo el rato compitiendo entre sí. Le comenté a mi acompañante: "Todos los hombres y mujeres intentan presumir en la iglesia, es como un club". Donde sea que uno vaya lleva su mente consigo. Lo que hace falta, entonces, es entender lo que es bueno para uno y no dañarse con emociones negativas.

Uno de los sabios dijo: *Tulasi sant svamba taru phoolphale parahetu ichetete pan hane vuchetate phala det.* ("Un buen hombre, un hombre sensato es como un árbol, cargado de mangos"). Cuando hay mangos en el árbol las ramas se inclinan y los chicos le tiran piedras. ¿Qué hace el árbol?. Nada malo: les devuelve mangos por piedras. Este es un signo de grandeza. Eso podemos alcanzarlo en este mundo. Puede hacerse. Algunos seres humanos lo han hecho en el pasado, nosotros podemos hacerlo también.

Después de *kama, krodha moha* y *matsarya* viene *lobha,* la codicia. La codicia convierte al ser humano en un animal. Sois seres humanos, pero la codicia os hace perder todo vuestro potencial humano. Sin embargo de todas las emociones la más peligrosa es el ego. ¿Sabéis lo que es este ego?. Hay cuerpo, aliento, mente consciente, mente inconsciente y el Centro de Consciencia. Hay cuatro aspectos diferentes del instrumento interior llamado antah karana, la totalidad de la mente, es decir *manas, buddhi, chitta* y *ahamkara. Ahamkara* o ego, es la barrera más grande para penetrar hacia el interior, hacia la fuente de la Luz, de la Vida y de la Sabiduría, para alcanzar el conocimiento intuitivo.

La barrera final es el ego. En los cuentos y en la historia, el rey, el padre, educa a su hijo con gran cuidado y amor, pero el hijo piensa: "Pondré a mi padre en la cárcel, lo arrestaré y así podré ser rey" ¡Problema de ego! Cuando uno es egocéntrico, se olvida de los suyos, de la gente que le quiere y a quien quiere. Esto crea una barrera entre él y la Realidad. Esto crea una barrera entre él y la Verdad.

Kama, krodha, matsarya, mada, lobha y *ahamkara,* son las seis emociones que surgen de los cuatro instintos básicos. Si entendéis un poco la anatomía de la persona interior, la que hay dentro de vosotros mismos, os será más fácil disfrutar de la vida.

No veo a la gente disfrutar de la vida. ¿Es necesario tener tantas cosas?. Eso quiere decir que sois esclavos de estas cosas. Hoy día se habla mucho de amor. Un hombre necesita una mujer. Una mujer necesita un hombre. Deberíais aprender algo acerca del amor sin objeto. Cuando habláis de algo más elevado, de la sabiduría, habláis del amor sin objeto. Y esto os hace libres. Seréis libres cuando os hayáis organizado.

¿Qué es el sufrimiento?. ¿Podéis darme vuestro sufrimiento?. No, no podéis porque lo habéis creado vosotros mismos. ¿Queréis remediar esto?. No intentéis convertiros en sufridores. Buda dijo: "Enciendes tu propia Luz, nadie te va a iluminar"

Si la gente se entristece, es porque quiere ser desgraciada, quiere crear su propia tristeza; entonces no tiene remedio. ¿Existís ahora?. Todo el mundo dirá: "Sí" y si digo: "No, no existís" es porque tengo los ojos vendados. Esto es lo que nos hacemos a nosotros mismos. No hay sufrimiento, todo es alegría. ¿Dónde está el sufrimiento?. Decidme, ¿qué aspecto tiene?

Cuando os embarga la negatividad decís: "Soy malo" Pero os digo: "No, no sois malos ¿Quiénes sois para condenaros a vosotros mismos?. Pertenecéis a Dios. ¿Cómo podéis ser malos?" Esta negatividad no debería mantenerse. Necesitáis practicar. Limpiar la mente, purificarla quiere decir no ser negativo, ser positivo, ser realista, sutil y práctico.

Tendréis que trabajar sobre vuestros patrones de hábitos. Cuando se coge a un ladrón y se le pregunta: "¿Pero no sabes que esto está mal?" Él contesta: "Sí, ya lo sé, lo sé tan bien como tú" "Entonces, ¿por qué robas?" "Es un hábito", contesta. Tendréis que aprender a trabajar sobre vuestros hábitos. ¿Qué son vuestros hábitos?. Esta personalidad vuestra está compuesta de hábitos. Estos constituyen vuestro carácter. Pero si comenzáis a actuar de forma consciente con insistencia, crearéis nuevos patrones de hábitos. Os liberaréis de los viejos hábitos y comenzaréis otros nuevos. Os transformaréis. Es perfectamente posible.

Sankalpa shakti, la determinación, es la base del éxito. No os condenéis si falláis. Cuando un niño comienza a andar se cae muchas veces. Esto no quiere decir que no se levante de nuevo y camine. Nosotros nos hemos caído muchas veces en nuestra niñez y ahora caminamos. Tenemos que caernos cuando aprendemos a caminar. La determinación es eso. Si uno se cae al principio, no importa. Haced esfuerzos, no dejéis de hacer esfuerzos, eso es lo importante. Para conocer la Verdad, tiene que haber Verdad en pensamiento, palabra y obra. Y si estáis cometiendo errores en la búsqueda de la Verdad, estaréis en el camino. No os preocupéis. La verdad os sustentará, os ayudará, si estáis practicándola. No os preocupéis por vuestros errores.

Los prejuicios humanos dificultan el progreso de la humanidad. Sólo los individuos que son conscientes pueden hacer algo en la vida y pueden ayudar a los demás, todos tenemos esa capacidad. Tomaos un tiempo, unos pocos minutos por la mañana y por la tarde y pensad en ello. ¿Cómo podéis progresar?. ¿Cómo podéis mejorar vuestra personalidad?. No la podéis cambiar, pero la podéis mejorar. La muerte no tiene poder para cambiaros, pero vosotros tenéis el poder de transformaros. Tenéis un tremendo poder.

Capítulo VII

El Amor y las Relaciones

Hay dos leyes. La ley de la contracción y la ley de la expansión. Odiáis a los demás: está actuando la ley de la contracción. Amáis a todos: estáis cumpliendo la ley de la expansión. Aprended a amar. Esta es la ley de la expansión. ¿Qué significa amar?. Significa dar. Dar, sin expectativas, a vuestra propia familia. Esta es una escuela donde se aprende a dar incondicionalmente. Entonces aprenderéis que nada os resulta difícil. Nada es difícil. La primara cosa que hay que aprender es a dar. En vez de discutir con vuestra pareja, dadle lo que quiere. Dad a los niños lo que quieren. Poco a poco descubriréis que ellos han aprendido a amaros mucho y se han vuelto muy considerados. Nunca explotarán vuestra generosidad. Aprender a amar es una de los mayores artes. Dad sin egoísmo a los de casa, a aquellos con los que vivís. Empezad por ahí. El amor os transformará completamente porque sólo el amor tiene ese poder, ni siquiera la muerte tiene el poder de transformaros. Si amáis, solamente hay amor, no hay sitio para vosotros. Tenéis cosas que os gustan y otras que os desagradan, pero con el amor tenéis sentido de la ecuanimidad; amáis a todos, no podéis odiar a nadie. Está esa comprensión subyacente de "amaré a todos y no excluiré a nadie". Sois libres. Es una alegría que conduce a la felicidad. Hay tanta expansión en vuestra mente que todo lo que está escondido o inconsciente sale como parte de la mente consciente. ¿Por qué deberíais ser desgraciados?. ¿Sabéis quién es desgraciado?: el que es egoísta. ¿Quién es feliz?: el que no es egoísta. Así de simple. No os estoy pidiendo que os volváis locos y deis todas vuestras riquezas a extraños, haciendo caridades inútiles. ¡No! Os estoy diciendo que experimentéis en vuestra casa, con los que viven con vosotros. Transformar vuestra personalidad es la forma sencilla de conseguirlo. No lo hagamos difícil.

Vuestra casa es un universo en miniatura. ¿Habéis visto a la familia de Shiva?. Los hindúes conocen esta simbología. Shiva tiene una serpiente mortal alrededor del cuello y su hijo Ghanesha monta un ratón. ¿Es posible que una serpiente y un ratón vivan juntos?. Parvati tiene un tigre y Shiva un toro. Una serpiente vive con un ratón y un tigre con un toro. Es un símbolo de la unidad en la diversidad. El ser humano aprende a ajustar su vida de forma que no haya conflicto. Podéis hacerlo. Las cosas imposibles pueden hacerse posibles siempre que se aprenda a entender la vida. Así la familia de Shiva nos dice que hay desacuerdos, disparidades en la vida; sin embargo, nuestro objetivo es darnos cuenta de ello, establecer la unidad dentro de esta diversidad. Esto puede hacerse con la oración, rezando al Señor interior. O puede hacerse con la meditación.

Siempre hay conflictos, confusión en las relaciones del mundo. Una mujer y un marido tradicionalmente casados, con todo el bienestar material, afirman amarse uno al otro, sin embargo permanecen frustrados. ¿Por qué?. Porque no se entienden. ¿Cómo es posible para ellos darse cuenta de la vida y comprender el objetivo de la vida a través del matrimonio?. Chicas y chicos piensan que el matrimonio es la solución a los problemas de la vida. Y están muy excitados. La chica piensa que un día llegará un príncipe azul, se casará y vivirá siempre feliz. El chico también piensa que el día que encuentre la compañera ideal, será feliz. Pero no ocurre nada porque falta la filosofía básica, la comprensión básica, el conocimiento básico. Esto ocurre principalmente con las personas de tradiciones orientales. Confían más en las enseñanzas de sus libros y hablan de sus antepasados. "Nuestras Escrituras son grandes, nuestros profetas, nuestros sabios fueron grandes, nuestros antepasados fueron grandes" Pero ¿Y vosotros.?. ¿Qué pasa con vosotros?. Hay que comprender esto.

Mi Maestro y yo solíamos vivir en las montañas de la India, el Himalaya, del que habréis oído hablar o quizás lo habréis visitado. Un día un príncipe de un estado cercano, que había sido educado en Oxford, vino con todos su guardias y secretarios a visitar a mi Maestro. Aquella mañana yo estaba de pie, fuera de la cueva-monasterio donde me eduqué. El príncipe se acercó y me dijo: "Ven aquí brahmachari (aprendiz). Acércate". Le contesté: "¿Qué pasa?. ¿Quién es Vd.?" Él dijo: "Quiero ver a tu Maestro". "No puede ser. No me dé órdenes y salga de este lugar", le dije. Entonces se acercó su secretario y me dijo "¿No sabes que es un príncipe?" "No me importa. Yo soy el príncipe del Himalaya" contesté. El secretario entonces se volvió muy humilde, y el príncipe también: "Señor, ¿podría, por favor, ver a su Maestro?" "De acuerdo," contesté. Mi Maestro estaba dentro sentado. El príncipe utilizando todos los convencionalismos de la sociedad educada dijo: "Buenos días señor, parece Vd. muy solo" Mi Maestro contestó "Sí porque Vd. ha venido"

No olvidéis lo que os hace sentir solos, recordad este punto. Aquellos que dicen que os aman os hacen sentir solos. Un extraño, un forastero no os hace sentir solos. ¿Quién os produce soledad?. Los que están más cerca de vosotros Porque esperáis demasiado de ellos, y ellos no tienen la capacidad. Muchos jóvenes piensan que el matrimonio es la solución de la vida. Y no lo es. Es como una fortaleza. Los que están dentro no pueden salir, y los que están fuera quieren entrar. Todos están con dificultad. Uno está en un estado de desesperanza, otro en un estado de postergación. Deberíamos aprender a comprender algo durante nuestra niñez y empezar a enseñarlo y a entrenar a nuestros hijos para que sepan algo de la vida, para que sepan examinar su propia entidad, y sepan aprender a relacionarse con los demás. Permanecemos extraños a nosotros mismos y sin embargo intentamos comunicarnos en el mundo exterior, con los demás. Eso no es útil y crea malestar. He estado haciendo experimentos, analizando cosas, mirando, observando sutilmente. ¿Qué hacemos en el nombre del amor?. En el nombre del amor utilizamos a los demás, nos apoyamos en los demás en vez de ayudarles, les hacemos daño y nos ponemos a depender de ellos. La dependencia es un tipo de enfermedad.

Cuando os caséis acordad cuatro compromisos con vuestra pareja. No reñiremos por la mañana, no reñiremos antes de acostarnos, no reñiremos en las comidas, pero el resto del tiempo si queremos reñir, podemos reñir. Es un acuerdo sencillo. Si dos personas riñen, puedo detener su riña simplemente así. ¿Sabéis lo que digo a los casados?. Les digo: "por favor cuando se enfade la otra persona, debéis entender que estáis enfadados, y no deberíais perder la calma en ese momento. Deberíais simplemente permanecer quietos, callados". Es un consejo sencillo. ¿Cuándo os enfadáis?. Cuando no estáis equilibrados. Os enfadáis cuando estáis alterados, emotivos, irracionales. Pero, ¿qué ocurre?. Supongamos que os enfadáis y vuestra pareja también se enfada, y los niños empiezan a llorar e incluso los vecinos se involucran, ¿qué ocurre?. Esta contaminación que creáis seguirá extendiéndose, esparciéndose por todo el universo. Así hay que entender que la familia individual es algo grande, que debe irradiar amor a los vecinos, a todo el universo y para eso necesitáis entendimiento. Cuando vuestra pareja se disgusta, lo mejor es estar quieto, tranquilo. Después de un tiempo vuestra pareja os dirá: "Lo siento". Pero, si continuáis riñendo no es útil, no es sano. No estoy diciendo que haya que sentarse en silencio y no hacer nada. Estoy diciendo que las dos ruedas del carro conducirán el carro en la misma dirección. Y esto es muy bueno. Por favor discutid, pero no continuamente.

Se suele decir a los hombres: "No peleéis con una mujer. No ganaréis nunca. Lamentaréis pelear con ella". Una vez, Nancy Reagan, la mujer del Presidente Reagan comenzó a llorar después de una pelea que habían tenido. El Presidente Reagan, el Presidente de los Estados Unidos, que tenía el poder de apretar un botón que podría destruir todo el mundo, pidió a su esposa, "Por favor, Nancy, no llores. Yo con todos mis poderes, estoy a tu disposición" Pero Nancy no dejó de llorar. Él usó todos sus poderes en vano. Finalmente él empezó a llorar y Nancy dijo: "No llores, hijo. Ahora sabes quien manda aquí"

Aprender a entenderlo todo acerca de vosotros mismos, no lleva mucho tiempo. No es preciso un swami, un yogui, unas Escrituras, nada. Simplemente sed reflexivos. Sentaos unos minutos. He visto a un hombre pedir perdón a su esposa 100 veces porque ella estaba muy tranquila. Siempre que él se enfadaba, ella permanecía calmada. Así después de unos minutos él le decía: "Lo siento, cariño." Si un hombre dice a su esposa "lo siento" 100 veces al día, es un canalla. No es realmente un marido. Encuentro este tipo de descompensación en todas partes. Pero si los dos están tranquilos, se entienden uno a otro y tienen este acuerdo: "Bien cariño, cuando tu estés disgustada, no diré nada y cuando yo lo esté, por favor no digas nada. Tengamos claro este acuerdo"; entonces no habrá problemas. Pero no queréis solucionar vuestros problemas. Esta gran institución que se llama el matrimonio se ha convertido en una institución de sufrimiento. He aconsejado a miles de parejas, porque ninguna de ellas era feliz. Y a los que son felices les adoro. Dos ruedas del mismo carro pueden hacer un viaje muy agradable. Pero es difícil que lo haga una rueda solo. Así en el mundo dos personas pueden hacer maravillas con tal de que se ajusten y se entiendan el uno al otro.

El apego es sufrimiento. El no-apego significa amor. Hay que comprender esto en primer lugar. Estoy apegado a esta silla, ¿es bueno?. Porque no es mía no tengo derecho a estar apegado, pero puedo usarla. Amad a vuestra pareja en vez de estar apegados a ella, porque llegará el día en que os separaréis. Es natural. Le ocurrirá a todo el mundo. Por lo tanto, seguid el camino del amor que se llama no-apego. El apego es sufrimiento. El no-apego significa amor, amor que proporciona libertad. Hace falta un poco de entendimiento. Madres, vosotras sois las constructoras, los primeros arquitectos de este mundo. Esta arquitectura viene de vuestra mente. No olvidéis que sois superiores a los hombres. Vosotras lleváis un hijo dentro durante ocho o nueve meses. El poder que tenéis, no lo tiene el hombre. Si ponéis una piedrecilla en su estómago y le decís que camine dos o tres días, no puede hacerlo. Sois verdaderamente superiores. Pero no os enorgullezcáis, no os dejéis llevar por la "liberación de la mujer". No olvidéis que sois unas grandes madres.

Madres, sois las verdaderas arquitectas; tal es vuestra responsabilidad. Los hombres están gastados y cansados. Vosotras deberíais despertaros, levantaros y construir nuestra sociedad. Eso es lo que el hombre no puede hacer, deberíais saberlo, porque vosotras podéis hacerlo. La educación del niño está totalmente en vuestras manos. Las semillas que se siembran en la infancia son las bases reales de la educación. Tenéis una gran responsabilidad. Sois definitivamente superiores y más importantes que los hombres. No tengáis el complejo de ser inferiores porque sois mujeres. Tenéis grandes poderes. Cuando aprendamos a comprender esto, nos daremos cuenta de que una gran parte, una parte vital de nuestra sociedad, está siendo mal empleada, explotada para el consumo, para la publicidad, con carteles y con todo tipo de vulgaridades. Deberíamos ser conscientes de la riqueza que tenemos.

En la infancia la mente está tierna. Un bambú tierno puede doblarse fácilmente, pero no uno maduro. La mente de un niño es muy receptiva. Todas las semillas sembradas en la infancia crecen muy bien. Vosotros y yo, si ahora nos presentásemos al examen de la escuela secundaria, suspenderíamos. La infancia es algo grande. Un niño necesita guía. Hoy día todos los sistemas educativos del mundo son caóticos. Si impartimos una buena educación a nuestros niños, si nos convertimos en ejemplo de generosidad para ellos y les damos amor, quizás crecerán mejor, se convertirán en los mejores ciudadanos del mundo y florecerán como una flor. La educación es muy importante. Un anciano es exactamente como un niño, pero lleno de locuras. La infancia es pura, sin locuras. Por eso cuando un niño crece, crece con la educación que le ha dado su ambiente, la educación recibida en casa que llamamos cultura, la educación impartida por la escuela y la universidad. Los padres han de sacrificarse por sus hijos y trabajar con ellos, pero, ¿qué hacen en cambio?. En vez de educar a los niños, les traspasan sus problemas. "Haz esto, haz aquello. Si no lo haces, te castigaré" El niño está confundido. El niño crece, pero crece con muchos conflictos. No creo que debamos dar todos estos conflictos a nuestros hijos, ni crear conflictos en su mente. No deberíamos hacerlo. Los padres deberían aprender a meditar y los niños siempre imitarán a los padres. Desde la infancia formarán hábitos que crearán su personalidad y eso es lo que llegarán a ser. Por eso desde los tres años los niños deberían aprender como sentarse para meditar.

Un individuo se crea un torbellino de problemas. Un individuo está desamparado, tiene que cumplir con sus deberes y después tiene que recoger los frutos. Todos tenemos que cumplir con nuestros deberes, es nuestra naturaleza intrínseca. Simplemente como miembros de la sociedad, deberíamos hacernos responsables. Deberíamos aprender a desprendernos de los frutos de nuestras acciones y seguir cumpliendo con nuestros deberes con este entendimiento. Cualquier cosa que uno asume en su vida es su obligación. Uno nace en una familia determinada, en una sociedad, en un país. Tiene que cumplir sus obligaciones según esa familia, de acuerdo con esa sociedad, con su país y finalmente de acuerdo con toda la humanidad. Esto es lo que la

Gita enseña. Entonces la sociedad florecerá. Florecerá de un modo mejor. Hay dos mundos: el mundo creado por la Providencia como el sol, la luna, las estrellas, la tierra y el agua; y el mundo creado por nosotros, los seres humanos. Estoy hablando del mundo creado por los seres humanos y no del mundo creado por la Providencia. Administremos el mundo creado por nosotros, pero no nos preocupemos del mundo creado por la Providencia.

En el ciclo cósmico de la evolución, llega un momento en que nos convertimos en seres humanos. El tiempo gira constantemente. Hay otros reinos por los que hemos pasado, quizás; nadie lo sabe, yo no lo sé. Cuando os convertís en seres humanos, tenéis poder, sois responsables de vuestras propias acciones. Lo que hacéis como seres humanos depende de vosotros. Un ser humano tiene tres aspectos: el aspecto animal, el humano, y el divino. Los tres juntos se llaman "ser humano". La cuestión es, ¿qué grado de divinidad hay en vosotros, qué grado del aspecto animal, y qué grado de humanidad?. Tendréis que analizarlo. No estoy buscando a Dios. Realmente no lo estoy buscando porque lo tengo delante. Todos vuestros hermosos rostros pertenecen a Dios. Cualquier cosa que mora dentro de vosotros es Dios. No estoy buscando a Dios. Estoy buscando a alguien que no he encontrado todavía. Estoy buscando a un ser humano perfecto. Y a cualquier sitio que vaya, lo busco, pero no lo encuentro. Por eso estoy triste. He visitado 156 países en el mundo. Y no he encontrado todavía el hombre que estoy buscando. Hagamos el esfuerzo de ser buenos seres humanos, buenos ciudadanos; de amarnos todos y de no excluir a nadie. Este es el camino hacia lo divino.

He visto algo sorprendente. Cuando voy a visitar a muchos swamis, ellos siempre me preguntan:

"Va Vd. por el mundo y ve a la gente, ¿cómo son?"
Ellos piensan en vosotros y vosotros pensáis en ellos.
Por eso permaneced donde estáis, la Iluminación no
tiene nada que ver con la renuncia ni con la acción.
Deberíais aprender a construir vuestro propio concepto de vida y no es muy difícil, es vuestro derecho
de nacimiento. No importa qué entorno cultural sea
el vuestro, ni cual sea vuestra religión, si no habéis
construido vuestra propia filosofía personal, no os
ayudarán. De vez en cuando hombres importantes
aparecen en el mundo y dan un empujón al conjunto
de la humanidad, para ayudarla a alcanzar el siguiente paso en la civilización. ¿Qué pueden hacer
ellos?. ¿Pueden crear una flor, una hoja, una brizna de
hierba?. No. Las flores son las mismas pero, estos
grandes hombres cambian el mundo de acuerdo con
los tiempos.

Un buen yogui que ha recibido un atisbo de este
conocimiento empieza a trabajar consigo mismo. No
escapándose de este mundo, no abandonando sus
obligaciones, no renunciando, sino viviendo en este
mundo y sin embargo, permaneciendo por encima de
él. ¿Sabéis cual es vuestro símbolo?. Vuestro símbolo
es hermoso, se llama loto. Un loto crece en el agua y
el barro, pero permanece por encima. Yo no tengo ese
símbolo. Yo soy un swami, ese no es mi símbolo. Sois
definitivamente superiores a mí. El deber de un padre
de familia no es en absoluto inferior, con tal de que
recuerde el símbolo del loto.

Capítulo VIII

Oración y Contemplación

Existen cuatro aproximaciones para lograr el propósito de la vida: la escuela de la oración, la escuela de la contemplación, la escuela de la meditación y la de la acción sin egoísmo. Explicaré de manera sistemática estas escuelas de forma que podáis entender las diferencias entre ellas y, de acuerdo con vuestra propia elección y capacidad, podáis seguir una de estas escuelas y alcanzar finalmente el propósito de la vida. Vamos primero a intentar comprender las de la oración y la contemplación.

He observado que la oración puede resolver lo que no puede ser resuelto de ninguna otra manera. La oración significa la máxima cercanía al Todopoderoso, a la Verdad Absoluta, a la fuente de la Energía, a la fuente de la Fuerza. Cuando rezáis de todo corazón, vuestra mente y corazón se dirigen hacia la Fuente sin desviarse. Durante este tiempo, os convertís en un instrumento de este poder, os convertís en un cauce de este poder. Si vuestra oración es genuina os ayudará. Si vuestra oración es egocéntrica, no os ayudará. Estas son las dos caras de la oración. Si vuestra oración es genuina, si sois muy desinteresados, cualquier cosa que salga de vuestros labios será útil. Si no sois genuinos, si no sois desinteresados, vuestra oración, no importa el número de veces que bendigáis a otros, es completamente inútil.

La oración siempre recibe una respuesta, en tanto cuanto se realice correctamente. Hay dos tipos de oraciones, la oración egocéntrica y la oración centrada en Dios. La oración egocéntrica se llama *sakama prarthana, sankama upasana, sakama bhakti*, esto es, una oración llena de deseos, una práctica llena de deseos y una devoción llena de deseos. La oración egocéntrica os hace muy pobres y mezquinos y no podéis ir más allá de este punto. "¡Oh Señor, dame esto! ¡Oh Señor, dame aquello!". Estáis mendigando todo el tiempo. Os convertís en mendigos. Nunca mejora vuestra vida porque estáis alimentando continuamente vuestro ego. A veces este tipo de oración es escuchada, y otras veces no, porque es sólo para alimentar el ego. De otra manera, todas las oraciones reciben respuestas, respuestas que no podéis recibir desde ningún otro lado, desde ninguna otra persona, porque la vida en sí misma es un gran punto de interrogación. Cada individuo tiene una pregunta y este individuo quiere que esta pregunta sea contestada por alguien más elevado, más grande, alguien a quien llama Dios. Le rezáis a Dios, pero esta oración debería estar centrada en Dios. No le pidáis nada a Dios porque Dios ya conoce vuestras necesidades. Existe una diferencia entre necesitar, querer y desear. Durante el día nos hallamos bajo el peso de nuestras querencias y por la noche bajo el peso de nuestros deseos. De ahí que estemos todo el tiempo alterados y que nos quejemos de Dios y digamos: "Entonces sufro, y es debido al Señor. Es Él el que me hace sufrir".

Del mismo modo que el karma es una ley, la oración es también una ley. La oración os puede ayudar fortaleciendo vuestra determinación, de manera que no realicéis aquellos karmas (acciones) que podrían ser un obstáculo para vosotros. Cuando empezáis a establecer vuestro sentido de la propiedad sobre los objetos mundanos que poseéis, que creéis vuestros, os creáis problemas a vosotros mismos. Entonces rezáis: "Dios, ayúdame". No entiendo cómo Dios puede ayudaros. Esta oración no tiene ninguna utilidad porque nosotros mismos nos creamos el torbellino en el que vivimos y entonces le rezamos a Dios: "Dios libéranos". Esta clase de oración se llama la oración egocéntrica. Tal oración no es de ninguna utilidad.

La escuela de la oración es única y maravillosa, pero debe ser una oración centrada en Dios. La oración correcta no es una oración que dice: "Padre, dame esto, dame aquello. Padre, quiero un buen coche. Padre, quiero una buena pareja. Quiero esto, quiero aquello". La oración que os hace ser conscientes de la Realidad que hay dentro de vosotros, es el tipo correcto de oración. Para llegar a ser consciente de la Realidad, id a los aspectos más profundos de vuestro ser, a la Fuente desde donde obtenéis vuestra energía, de donde obtenéis vuestra fuerza.

¿Cómo dirigir una oración centrada en Dios?. "Condúceme desde lo irreal hacia lo real. Condúceme desde la oscuridad hacia la Luz. Condúceme desde la mortalidad hacia la Inmortalidad" (Asatoma sad gamaya, tamasoma jyotir gamaya, nirtyorma amritam gamaya). Se expresan tres deseos en esta oración. "Condúceme desde la no-verdad hacia la Verdad". La no-verdad quiere decir la aparente realidad que parece ser real aunque no lo sea. No es absoluta, no es real. Condúceme desde allí hasta la Verdad última. "Condúceme desde la oscuridad hacia la Luz". Despeja toda la ignorancia que han creado nuestro karma, nuestra mente, nuestra acción, nuestra palabra. "Condúceme desde la mortalidad hacia la Inmortalidad". Hasta ahora somos conscientes de los aspectos mortales de nuestra vida. Un ser humano muere, pero no sabéis nada acerca de lo que ocurre tras la muerte. Ha nacido, crece, se convierte en un joven, se hace mayor y entonces muere. Existe otro aspecto de la vida que se llama Inmortalidad. "Condúceme desde la muerte hacia la Inmortalidad, Señor". Por tanto, existen tres oraciones. La primera oración nos conduce desde la realidad aparente o falsedad hacia la Realidad Absoluta, la Verdad Absoluta. La segunda, de la oscuridad hacia la Luz. Aquí la oscuridad es simbólica. La oscuridad quiere decir ignorancia, sufrimos a causa de la ignorancia. Buda dijo que avidya, la ignorancia, es la madre de todos los problemas. Líbranos de esta ignorancia. ¿Quién creó la ignorancia?. No ha sido creada por Dios. Ha sido creada por nuestras propias acciones, por nuestros propios pensamientos, por nuestra propia falta de entendimiento. La tercera oración es para la completa Sabiduría espiritual, que nos conduce desde la muerte hacia la Inmortalidad. "Señor, hazme ascender desde la consciencia física, esta consciencia mundana, hacia la Consciencia más elevada, la llamada Consciencia espiritual".

La oración no se expresa en sánscrito, o árabe, o inglés, o latín, o cualquier otra lengua. La oración debería expresarse en vuestra propia lengua. ¿Cuál es vuestra lengua?. Es la misma lengua en la que el bebé recién nacido habla con su madre. Es la lengua del amor. ¿Veis cómo un recién nacido se comunica con su madre?. Si habláis en cualquier lengua el niño no os entiende. Pero si la madre dice: "Na, na, na, na, chu, chu, chu", se comunica bien con ella. ¿Cuál es esta lengua?. La lengua del amor. Cuando nuestras mentes, nuestros pensamientos, nuestras emociones, nuestro ser total se integra; cuando nuestra mente y emociones van juntas, cuando nos centramos y rezamos con esta sensación; ¡esta oración nunca es en vano!

La oración os da fuerza. La mayor de las fuerzas la recibís de esta Fuente, que ya está dentro de vosotros, a través de la oración. Cuando rezáis, ¿a quién se dirige vuestra oración?. ¿Al Dios Omnipotente que está en todas partes?. No. El Señor está dentro de vosotros, establecido a gran profundidad, más allá de vuestro cuerpo, aliento y mente, en la cámara más interior de vuestro ser. Vuestras oraciones son siempre contestadas cuando rezáis en vuestro propio lenguaje, con la mente y la emoción unidas, con la mente centrada. Podéis rezar en cualquier momento, pero deberíais aprender a disciplinaros. Las horas de la mañana y de la tarde se consideran las mejores horas para rezar. Pero como ya os dije, rezad directamente al Señor de la Vida que está dentro de vosotros. Cerrad suavemente los ojos y con todos vuestros sentimientos y pensamientos pedidle al Señor de la Vida que os proporcione sabiduría y entonces ahí encontraréis fuerza.

Imaginad dos pelotas, una de arcilla y otra de plástico. La pelota de arcilla se deshace cuando se cae, pero la de plástico rebota de nuevo. Aquellos que rezan tienen fuerza. Los que no rezan tienen poca fuerza, son gente débil. Veis personas que viven para un objetivo y que no tienen miedo porque tienen un objetivo, tienen un objetivo en frente de ellos. No saben lo que es el miedo. Tienen un propósito en la vida y rezan al Señor. Creen en el Señor que es testigo de todas sus acciones, palabras y pensamientos.

Tendríais que aprender siempre a perdonaros. La oración y el arrepentimiento purifican la vía del alma. La auto-realización os conduce hacia vuestra propia meta. Sentaos y si creéis que habéis hecho algo malo, algo que no deberíais haber hecho, no lo repitáis y estaréis libres. No os condenéis a vosotros mismos. "Soy malo, soy malo, soy malo". Esta auto-sugestión reforzará un sentimiento de culpa que no es nada sano para vosotros. Este sentimiento de culpa se refuerza cuando vais repitiendo el mismo error y aceptáis entonces vuestra incapacidad, o el que no podéis ayudaros a vosotros mismos. En cambio, cuando decís: "¿Qué pasa si he cometido un error?, pues, que no voy a cometer este mismo error otra vez". En este preciso momento estáis libres. No importa lo que haya ocurrido, no aceptéis la derrota. No hagáis lo que no debe hacerse y os encontraréis libres.

No os condenéis ni digáis: "Soy tan malo, soy tan sucio. No tengo la capacidad de rezar". Este tipo de auto-condena conduce a la enfermedad y perdéis vuestra auto-confianza. Aprended a perdonaros cuando cometéis errores. Ahora bien, las Escrituras prescriben una forma hermosa de liberaros de las manchas, de las impresiones que tenéis dentro de vosotros, y que se llama prayashchitta. Es muy simple. Prayashchitta quiere decir arrepentimiento, quiere decir determinación de no repetir vuestros errores. Entonces estáis libres. Pero en vez de esto, seguís repitiendo aquellos errores y vais entonces a la iglesia o al templo rogando: "Señor, perdóname". Y luego, volvéis a cometer el mismo error y otra vez rogáis: "Señor perdóname". Podéis cometer los mismos errores muchas veces. Necesitáis fuerza, fuerza interna. ¡Oh, hombre!, ¡necesitas fuerza!. ¡Oh, ser humano!, ¡necesitas fuerza! Y esta fuerza no es fuerza externa, sino fuerza que procede de dentro de vosotros. La oración os da esta fuerza. Entonces, podéis fácilmente ir en esta procesión de la vida, sonriendo, sin dañar, molestar ni insultar a nadie. Podéis andar, saltar de alegría todo el tiempo. La escuela de la oración es válida.

¿Qué es la fe?. Podéis comprar un huerto plantado de manzanos con la expectativa de obtener fruta. Pagáis por la tierra y pagáis por la fruta. Pero después de haber pagado por la tierra y la fruta, ¿habéis pagado por la sombra que habéis disfrutado en el huerto?. Tomáis la manzana en vuestra mano y empezáis a comérosla, sentados bajo la sombra de los árboles. No, no habéis pagado por la sombra. Cuando habláis de fe, ¿fe en qué?. Tengo un cuerpo, tengo esta fe. ¿Qué queréis decir con fe?. La fe hace maravillas, la fe razonada hace maravillas; la fe que no es desafiada por la mente es una gran fe, una fe en la que la mente y el corazón deberían convertirse en uno. El corazón es el centro de la emoción, la mente es el centro del pensamiento. Cuando la mente y el corazón, la emoción y la razón se ponen juntas, se forman juntas, entonces la fe no es desafiable, nadie puede desafiarla. Pero la fe sin la razón es muy peligrosa, es ciega, no es un apoyo seguro. Puede ayudaros, pero no puede conduciros.

Os dije que la oración es muy buena, pero que la oración egocéntrica no es saludable. La oración centrada en Dios es, sin duda alguna, muy saludable, os hace ser conscientes de la Realidad dentro de vosotros mismos. Una vez conocí a un ministro de la iglesia. Era una mujer, una mujer muy famosa en los Estados Unidos. Me invitó a un té. Por casualidad el control remoto de su garaje no funcionaba de forma que la puerta del garaje no abría. Dijo: "Jesús, por favor ayúdame a abrir el garaje". Jesús no abrió el garaje. Yo le pregunté: "¿Jesús es acaso el sirviente que le abrirá la puerta del garaje?" Me contestó: "Voy a abrir el garaje. Le mostraré un milagro". "Quizás tiene usted otro control remoto", le comenté. A lo que ella me contestó: "No conoce usted mis poderes". Le dije: "Quiero verlos". No pudo abrir el garaje. "Jesús, estás enfadado conmigo". Después le pregunté: "¿Por qué el pobre Jesús es arrastrado en cosas tan mundanas?"

¿Qué hacemos?. Rezamos, "¡Oh, Señor!, dame un coche" "¡Eh, Señor!, dame una buena novia de manera que pueda casarme". "¡Oh, Señor!, dame un buen marido". "¡Oh, Señor!, ..."; cualquier cosa que queráis es mundano. Y entonces, Él dice: "Venga, de acuerdo, os doy este caramelo, os doy este caramelo, os doy este caramelo". Y os veis sobornados por estos caramelos y no podéis ir más allá. Si un niño llora, la madre le dice que acuda y tome un caramelo. Pero si el niño tira el caramelo, ¿qué hace entonces la madre?. Coge al niño en sus brazos. No hay otra forma. Hay algo grande, por tanto, en "tyaga", el sacrificio. "No me gusta esto, no quiero esto, no estoy satisfecho con esto, quiero lo mejor, te quiero a ti, madre, no quiero otra cosa". Con esta determinación, podemos alcanzar la meta de nuestra vida; aquí y ahora.

¿Por qué practicamos japa?. Sólo para ver que no existe espacio entre los pensamientos. Vuestra mente tiene tres condicionantes: el tiempo, el espacio y la causalidad. Ahora mirad el espacio entre los dedos. Si no hay espacio entre ellos, sólo habrá uno. Si no hay espacio, no habrá tiempo; no habrá causalidad. Si sois constantemente conscientes de la Verdad, no habrá espacio entre vuestros pensamientos. Muchos pensamientos vendrán y se irán, pero por debajo sólo existe una Consciencia. Es la forma más sencilla de usar la mente. De otra forma, la mente es de una escala tan pequeña para intentar medir la totalidad del universo, que no es posible. Ahora podéis ir más allá.

Hay algo más allá de lo que consideráis cordura. Lo llamáis locura, pero existe algo, sin duda, en la locura. Me encontraba en la Universidad de Allahabad escribiendo un libro, haciendo una investigación sobre cierto libro que es considerado uno de los más difíciles y concisos del Vedanta. No podéis pronunciar su nombre, incluso tras haberlo oído tres veces. Se llama Khandanakhandakhadyam. Es un nombre muy difícil. Averigüé que el vicecanciller, el señor Jha, al que se considera un hombre muy culto en su país, no había escrito una sola línea original. Sacaba una línea de aquí, otra frase de otro lado, un párrafo de otro y así escribió un libro. Me entristeció mucho. Me dirigí hacia él. Le dije: "Señor, ¿le podría hacer una pregunta?". Me contestó: "¿Sí?" Se hallaba sentado en un sillón giratorio, un sillón muy amplio. Le dije: "¿Por qué está engañando a la gente?". Me dijo: "Qué ocurre?" "Ha cogido un párrafo de aquí, otro párrafo de allá, y se ha convertido en un hombre instruido. Esto es un robo. No hay originalidad en todo ello", le contesté. ¿Sabéis lo que dijo?. Dijo: "Hijo, la originalidad se encuentra solamente en los manicomios". Así que me quedé callado.

Una vez quise saber como vive la gente en los manicomios. Fui a visitar el manicomio de Agra. Un día antes Nehru, Primer ministro de la India en aquél tiempo, había visitado también ese mismo manicomio. Encontré a la gente del manicomio en su propio mundo, y era asombroso. Empecé entonces a hablarles. Uno dijo: "¿Quién eres?" "Sólo un swami", le contesté. Me dijo: "¿Swami o esclavo?". Y me asombró cuanta sabiduría puede venir a veces de esta gente. Les dije: "He oído que Nehru vino ayer aquí". Uno me contestó: "¡Oh!, alguien que vino aquí ayer se hacía también llamar Nehru". Yo dije: "No, no, era realmente Nehru". Y contestó: "A quién le importa

quién viene y quién se va, estamos aquí. Eso es todo".
También les pregunté: "¿Creéis en Dios?" Algunos
dijeron que sí, otros que no. ¿Sabéis lo que dijo uno de
ellos?. Me hizo señas y me dijo: "¡Eh, espera!. Tanto si
crees en mí, como si no, yo sigo aquí". Pero uno de
ellos dijo algo de verdad llamativo. Había sido abo-
gado y no estaba nada loco. Sus hermanos lo habían
entregado porque le tenían miedo, podía crear problemas en la división de la herencia familiar dado que
eran muy ricos. Me preguntó, "¿Haces japa?", "Sí", le
contesté. Me dijo, "No es necesario". Le pregunté,
"¿Por qué?" Me contestó, "Dios es tu padre, ¿verdad?", "Sí", le contesté. "De acuerdo", dijo, "supón
que te quedas llamando a tu padre, 'padre, padre,
padre, padre, padre, padre, padre, padre, padre,
padre', desde la mañana hasta la noche, ¿qué pen-
saría tu padre de ti?. Estará molesto, harto de ti.
Pensará que estás loco. ¿Piensas que Dios se siente
feliz de tu *japa*?. Hacer *japa* no sirve para nada". Esto
dijo. Y esto me proporcionó alimento para pensar.
Siguió diciendo: "Si no escuchas lo que dice tu padre,
y no actúas de acuerdo con sus instrucciones, pero
sigues diciendo todo el tiempo, 'padre, padre, padre,
padre, padre, padre, padre', mientras haces japa todo
el tiempo, ¿no estás acaso loco, swami?". Le dije:
"Tendré que pensar acerca de esto. Gracias, gracias
por tu enseñanza".

   ¿Por qué hacéis japa?. ¿Por qué repetís la misma
cosa una y otra vez?. Con japa, esta mente que normalmente vaga por el mundo exterior con la ayuda
de los agentes llamados sentidos, se centra y orienta
hacia dentro. Pero si os limitáis solamente a repetir, es
inútil. Para expandir vuestra consciencia tenéis que
aprender a meditar y esto es un arte. No es parte de
ninguna religión. Si queréis conoceros a vosotros mismos, ¿qué religión es ésta?. Se llama la religión del

hombre. Sirve para conoceros a vosotros mismos. Habitualmente os comportáis de una forma falsa, de una manera engañosa. El marido dice: "Te quiero, tesoro". El tesoro contesta: "Yo también te quiero". Todo falso. Porque si alguien os pregunta: "¿Quiénes sois?" Le contestáis: "No lo sabemos". Por ello entenderse a sí mismo a todos los niveles es muy sano y es nuestro derecho de nacimiento. Comprendernos a nosotros mismos a todos los niveles es lo que llamamos meditación. Este es el asunto. Y existe un método para ello.

Existe otra escuela llamada de la contemplación, *shravana manana nidhidhyasana*. ¿Qué es la contemplación?. La contemplación es descubrir lo que es la Verdad. Estoy buscando la Verdad. Escucho lo que dicen los grandes sabios y las Escrituras enseñadas por maestros competentes. Esto es *shravana*. Pienso profundamente acerca de estas palabras y enseñanzas. Esto es *manana*. Sigo buscando sistemáticamente y finalmente, conozco la Verdad y la integro a mi vida. Esto es *nidhidhyasana*. Y no se lo puedo describir a nadie.

Cuando nos dicen: "Sed buenos, sed amables, sed gentiles, sed amorosos" ¿Se trata de algo nuevo?. Entonces, ¿cuál es el conocimiento que estamos tratando de explorar y entender hoy?. Durante toda mi vida, mis padres y profesores, me dijeron: "Di la verdad", pero no sé como hacerlo. Es un problema muy serio. Me gustaría decir la verdad, todo el mundo quiere decir la verdad, pero nadie te enseña cómo. En los hogares se pega a los niños cuando mienten. Pero diez minutos más tarde, el niño encuentra a mamá mintiendo a papá y a papá mintiendo a mamá. El niño se siente confundido, "¿no mentir es una norma sólo para mí?" Entonces el niño le dice a su hermano: "No, nosotros no podemos

mentir. Ellos sí porque son mayores, y pueden hacerlo". No solemos encontrar buenos ejemplos durante
nuestra niñez. Las instituciones de todo el mundo
imparten todos los aspectos de la educación, excepto
un tipo de educación llamada educación por el ejemplo. Sufrimos a cuenta de esta ausencia de educación
por el ejemplo.

Ahora bien, ¿qué está ocurriendo en vuestras
familias?. No os importa el número de mentiras que
contáis desde por la mañana hasta la noche y pegáis
a vuestros hijos diciendo: "Decid siempre la verdad".
Mentís, pero queréis que vuestros hijos no mientan.
El padre miente constantemente, la madre también, y
el niño está confuso. Piensa que sus padres tienen
licencia para mentir, pero que es demasiado pequeño
y no tiene permiso. ¿Cómo practicar la Verdad?.
Pocos padres le enseñan esto a sus hijos. No les
enseñáis cómo decir la verdad. Esta es la clave:
porque no os conocéis a vosotros mismos. Desde hace
siglos existe este mito: "Di la verdad, di la verdad, di
la verdad". Todo esto no tiene ningún sentido, es un
principio, no una práctica. Me ocurrió a mí. Estuve
confundido durante mi niñez. Mi Maestro nunca me
pegó, pero otros me pegaron y todos decían: "Eh, di
la verdad". Yo les decía: "Mirad, no soy lo que pensáis. No me toquéis". Era un niño. Decía: "Decidme
cual es la verdad". Nadie me contestaba.

Un día estaba muy molesto y dije a mi Maestro:
"Has arruinado mi vida". Me miró y dijo: "Te crié, te
eduqué, te di tanto amor. No quiero oír tales cosas de
ti. ¿Me encuentras egoísta?" Le dije: "No es una
cuestión de ser o no egoísta. Me has arruinado la
vida". Me preguntó: "¿Por qué?. ¿Qué te he hecho?"
Yo le dije: "Sigo siendo un ignorante y un tonto". Él
me respondió: "Hice lo que pude para educarte, pero
no has sido capaz de aprender". Le dije: "¿Qué me

estás enseñando hoy?. 'Haz esto, haz aquello', eso es lo mismo que dicen todas las madres en casa a sus hijos."

Le dije a mi Maestro: "Sé que debería decir la verdad pero no sé cómo hacerlo. ¿Me podrías enseñar, por favor?". Me dijo que la forma más simple de decir la verdad era no mintiendo. "Si no mientes, estás diciendo la verdad. Pero si estás intentando decir la verdad y no sabes en qué consiste la verdad, entonces estás fabricando tu propia verdad. Entonces afirmas que tu verdad es tu verdad y que estás diciendo la verdad y que yo debería escucharte. Esta es la confusión. No mientas. No mintiendo, estás practicando la verdad. No hagas lo que no debes hacer de acuerdo con tu conciencia. No haciendo lo que no debes hacer, estás haciendo lo correcto".

La práctica es diferente de la teoría. Es fácil decir: "No hagas esto, no hagas aquello". Aprended a practicar. No abandonéis vuestra práctica. Si os sentís derrotados por otros, no importa; pero si os sentís derrotados por vosotros mismos, es muy mal asunto. Os encontráis indefensos. Nadie puede curaros. Existen enfermedades que nadie puede curar cuando os encontráis indefensos. "Ninguna medicina me ayuda, nada me está ocurriendo, me estoy muriendo. El mundo es tan oscuro". Cuando os volvéis completamente negativos, mutiláis vuestra fuerza de voluntad. No dejéis que esto os ocurra.

En la escuela de la contemplación aprendéis lo que es la Verdad. La verdad en el mundo es diferente a la Verdad Absoluta.

Avidya o *mithya* significa falsedad, mentira. Mentira, ¿en qué contexto?. ¿La mentira en un contexto social, o la mentira en un contexto absoluto?. No existe la mentira siempre que se trate de la Verdad Absoluta, porque la Verdad Absoluta está en todas partes. *Idam sarvam khalvidham Brahma.* Esto es todo. En todas partes existe la Verdad, de forma que no hay sitio para la mentira. Una vez alguien le preguntó a la Madre Teresa: "¿Cree en el mal?" Contestó: "No tengo tiempo para pensar en el mal. Por ello, lo siento, no puedo contestar a su pregunta. ¿Cómo puedo creer en el mal cuando pienso todo el día en el Señor, en pensamiento, palabra y obra?" No existe mithya siempre que se trate de la Verdad Absoluta.

El maestro explica que las Escrituras enseñan que debéis aprender a decir la verdad, que deberíais aprender a realizar actos verdaderos, que deberíais aprender a ser verdaderos en vuestra mente. Decidme, ¿es acaso una enseñanza nueva?. Estamos tan influidos por nuestra cultura y las sugerencias de los demás, que hemos perdido completamente nuestra individualidad. Tenemos rara vez tiempo para pensar, para entender, y para actuar de acuerdo con nuestro pensamiento. Incluso cuando queréis decir la verdad, no siempre podéis. Los demás no siempre os permitirán decir la verdad.

Por lo tanto, la gran sabiduría que se halla enterrada profundamente en las grandes Escrituras enseña vidhi y nishedha ("qué hacer y qué no hacer"). Cuando no estáis haciendo algo, lo estáis empezando a hacer. Mi Maestro me dijo: "No vayas por ahí diciendo a la gente que diga la verdad y no pretendas decir la verdad, no digas eso. Limítate simplemente a no mentir". Cuando no mentís estáis diciendo la verdad. Esta es la manera de no mentir. Es posible que un ser humano no mienta, pero que distorsione los hechos. En cualquier caso, enseñad a vuestros hijos desde el primer momento a contar los hechos, a ser muy prácticos y a no mentir. No intentéis probar que esta silla es una mesa. Con argumentos se puede. Pero no lo hagáis.

La verdad tiene un gran poder. Se puede practicar absteniéndose de mentir. ¿Qué es una mentira?. ¿Qué hace?. Crea una división seria y grande en nuestro corazón y nuestra mente. Sabéis que no se trata de una cuna sino de una silla, pero estáis intentando probar que es una cuna, es una cuna y es una cuna. Vuestro discurso es diferente a vuestro pensamiento. Os estáis dañando a vosotros mismos, no a los demás.

Por eso, la ciencia del yoga dice que al mentir estáis minando y dañando constantemente vuestra fuerza interior. No lo hagáis. Diciendo una mentira, no dañáis a los demás, sino a vosotros mismos. Cuando tenéis miedo, mentís. No digáis a los demás: "Soy una buena persona". No tenéis porque decir eso. Dejad que vuestra conciencia moral sea vuestro testigo. Cuando empecéis a practicar, encontraréis que decir la verdad y realizar acciones correctas os hace fuertes y saludables; os convertirá en grandes hombres. Podéis permanecer como ejemplos, en la familia podéis ser un ejemplo. Si los niños saben que papá miente todo el tiempo, dirán: "Papá, te quiero pero, eres un embustero. Mamá, mientes todo el día, pero me das un azote cada vez que miento. No es justo". Y después de cierto tiempo, los niños dejarán de respetar a sus padres.

Satyam bhruyat priyam bhruyat na bhruyat satyam apriyam. Un hombre ciego viene hacia acá. Ambos sabemos que es ciego. No puedo decir: "Eh tú, ciego, ven para acá". Esto es apriya. Es la verdad, pero esta verdad es vulgar porque está hiriendo a alguien. Así, los yamas o restricciones de la ciencia del yoga son: *ahimsa, satya, asteya, brahmacharya y aparigraha.* El primer yama es *ahimsa*, y viene antes de *satya* o la verdad. *Ahimsa*, "a" quiere decir no, *"himsa"* quiere decir dañar, molestar, matar o insultar. Primero, deberíamos comprender que no importa de lo que hablemos, lo que hagamos, lo que pensemos, la base fundamental de nuestras relaciones es que no deberíamos herir, no deberíamos hacer daño, no deberíamos matar. Y sólo entonces decimos la verdad. Sólo así expresamos amor. En ninguna parte del mundo, una Escritura ha explicado la forma de expresar amor, tan sólo el yoga dice que no dañar, *Ahimsa*, es una expresión de amor. Si seguís este camino juntos, podéis llevaros bien. No os comprometáis con la falsedad. De otra forma perderéis toda vuestra vida.

No hagáis daño, no perjudiquéis, no matéis y no hiráis, y no haciendo esto estaréis expresando vuestro amor. Practicándolo, estaréis amando. En casa, por favor, no hiráis, no dañéis, no insultéis a aquellos a quienes amáis. Empezad por ahí. La verdad que hace daño no es verdadera. Por ello, no la digáis. Deberíais entrenaros. La verdad relativa está en relación con las cosas del mundo. La Verdad Absoluta es la Verdad Absoluta. Pero la verdad del mundo es completamente distinta. Por ello no dañéis a los demás.

Aquí van unos cuantos consejos para practicar: No habléis demasiado. Aquellos que hablan demasiado, dicen muchas veces cosas sin sentido. Hablad menos, y con un propósito. Si habláis demasiado, procurad reducir. Luego decid lo que tengáis que decir, pero decidlo con amor. No sigáis diciendo: "Quiero decir, quiero decir, quiero decir". Mucha gente dice: "Quiero decir". Significa que hay algo que se quiere decir, y que no se está diciendo. Sed directos, sed amables cuando habláis y vuestras palabras serán efectivas. Aquellos a los que os dirijáis reconocerán el lenguaje, llegaréis a sus corazones y mentes si habláis apropiadamente. Se dice que es un problema comunicarse con los seres humanos, y que es más fácil hacerlo con animales. También era un problema en tiempos pasados. Los rishis dicen *"ahimsa pratishthayam latsanmidho vairatyaga"*. Estos grandes sabios (rishis), no creían en la violencia, sólo sabían cómo querer. Incluso los animales dejaban su crueldad, su violencia frente a esta gente. Y es cierto. La fuerza descansa en el amor, no en la violencia. La violencia es una debilidad. Aprended a ser fuertes, porque la fuerza significa amor. No seáis débiles, porque no es amor.

Lentamente, entendiendo las grandes palabras de los sabios, empezaréis a contemplar las grandes verdades: "Soy *Atman Brahman*. El *Atman* se halla dentro de mí. No soy el cuerpo, ni la respiración, ni la mente, ni mi individualidad, pero *Atman* dentro de mí es el mismo *Paramatman*". Este tipo de contemplación, permanentemente consciente, es muy saludable.

Capítulo IX

Meditación y Acción Desinteresada

En el templo de Delfos está escrito: "Conócete a ti mismo." ¿Cómo puedes conocerte?. Hay dos formas distintas de hacerlo. La filosofía occidental dice: "Ve desde los aspectos densos de la vida a los aspectos más densos y de éstos a los más densos aún". La filosofía oriental dice: "Ve de los aspectos densos de la vida a los aspectos más sutiles y de éstos a los más sutiles aún". Ambos están buscando la unidad en la diversidad. No hay diferencia. Sin embargo, es más fácil ir hacia dentro, porque entonces no hay posibilidad de perderse. En cambio, yendo hacia fuera, uno puede perderse, puede sucumbir a los encantos y tentaciones del mundo. Por tanto el medio más sencillo es aprender a sentarse en quietud e ir hacia dentro. No es necesario llamarlo meditación, se le puede dar otro nombre.

El ser humano ha hecho muchos experimentos con la mente, la materia y la energía. Ha hecho estos experimentos porque quiere alcanzar otro nivel de Consciencia, una civilización más elevada. No lo logra porque hay demasiada disparidad. Los que sí lo han logrado parecen raros al mundo y los que no lo han logrado parecen haberlo conseguido. Si realmente queremos dar un paso hacia una civilización más elevada, entonces hemos de aprender a mirar hacia dentro, a encontrar el mundo interior y a permanecer en él. Esta exploración es lo que falta. Y no estoy diciendo en absoluto que no hay nada fuera.

Hasta ahora, ¿pensáis que el conocimiento que habéis recibido del mundo exterior es correcto?. Este conocimiento, recibido a través de la percepción sensorial, de la propia conceptualización y del análisis, es limitado y sólo es importante para relacionarse con el mundo exterior, el mundo de los objetos. Hay otra biblioteca dentro de vosotros y se llama la "biblioteca infinita" de dónde se recibe el Conocimiento que no requiere averiguaciones. No se necesita entonces preguntar a los demás si se tiene razón porque se sabe y se sabe que se sabe. No hay conflicto y no se necesita evidencia. Este estado mental es el estado mismo de contentamiento, da mucha alegría. Por tanto lo que hay que aprender es a meditar.

Todos los colegios del mundo y todos los que son padres enseñan cómo comportarse en el mundo exterior, cómo estudiar esto y lo otro y convertirse en un buen profesional, un científico, un filósofo o un hombre de negocios. La Verdadera Escuela empieza cuando os volvéis conscientes de vosotros mismos, cuando empezáis a cuestionar la vida mientras vivís en el mundo. Son preguntas como: "Tengo todas las diversiones de la vida ¿y después? ¿soy feliz? ¿qué más hay?" Es entonces cuando os convertís en un buscador de la Felicidad, de la Verdad, de la Bienaventuranza. Entonces rogáis: "Señor, ayudadme" y Él os ayuda.

Puesto que la Verdad es universal, puesto que Brahman es universal ¿Cómo sería posible que sólo vosotros quedéis excluidos de la Verdad que está en todas partes?. Esto quiere decir que la Verdad está en vosotros y vosotros en Ella. Entonces, ¿dónde estáis?

Vuestra existencia no es vuestra. En el momento en que sepáis esta Verdad, quedaréis libres de toda esclavitud, de toda ignorancia, de todo estrés y de todo miedo. Por tanto, ¡oh! hombre! date cuenta de que el Reino de Dios está dentro de ti. El ser humano que se da cuenta de esto está deseando ir hacia la profundidad de su Ser. Y hay un medio para lograr esto. No estoy hablando de Hinduismo, ni de Budismo, ni de Cristianismo, ni de Islamismo. Estoy hablando de algo universal. En el momento en que seáis conscientes de que la Verdad Absoluta no está sujeta a cambio, ni a muerte, ni a deterioro, sino que está dentro de vosotros mismos, entonces alcanzaréis la libertad, estaréis libres de todos los miedos. A esto se le llama el estado de Iluminación y se puede considerar que es un estado de perfección. Por tanto, aprended a ir hacia lo más profundo de vuestra entidad. Todo el mundo debería aprender a meditar para verse libre. Esta meditación ha de ser sencilla, una técnica puramente científica, sin añadirle ningún calificativo como meditación hindú, meditación budista, meditación zazen o meditación zen, cristiana o judía. Los profesores que ponen estos calificativos han destruido toda la filosofía de la meditación. La meditación es un simple método.

Si vuestra técnica de meditación no es completa, os aseguro que no os va llevar muy lejos. ¿Qué es lo que ocurre?. Ocurre que hay una seria debilidad hoy día en los gurús y profesores. Le ponen un color: "Mi meditación". La meditación es la meditación y no necesita tener ninguna marca. Esto perturba el sistema. La meditación es un sistema para llevaros más allá de cuerpo, sentidos, aliento, mente consciente y mente inconsciente, hasta el Centro de Consciencia que se llama vuestra alma, vuestra fuente de Luz y

Vida. No se necesita de ninguna religión para meditar.

¿Quién enseñó meditación por primera vez?. La mujer en la India. Os voy a contar esta historia. En las afueras de cada pueblo en la India hay una plaza con un pozo. Las mujeres van allí al atardecer para buscar agua, con el recipiente sobre la cabeza. Les gusta hablar entre ellas de sus cosas. Juntas bailan, lloran, se ríen y discuten sus problemas familiares, pero la vasija que trasportan en la cabeza no se cae. Esto se llama meditación en acción. Uno cumple con sus deberes, dónde sea que esté, pero no olvida a Atman, el Señor que reside en la profundidad de su Ser. Así que se haga lo que se haga, lo importante es ser consciente. ¿Quién es el fundador de la escuela de meditación?. No el hombre, sino la mujer. Recordad esto.

Hace mucho tiempo, en China, hubo dos difusores del Budismo que viajaron hasta la India. Uno a través del Tibet y otro a través del sureste de Asia. El que vino del norte se llama Mahayana, "el Gran Vehículo" y el que vino a través del sureste se llama Hinayana, "el Vehículo Compacto". Nadie en China sabía nada de meditación. Así que este maestro budista se sentó a meditar frente a una pared durante catorce años. Esto llamó la atención general. ¿Qué es esto?. ¿Cómo es posible que un ser humano se siente frente a una pared y medite durante catorce años?. Le preguntaron: " ¿Cuál es tú religión? " y contestó: "La meditación". Todos se sorprendieron. Esta escuela de meditación se hizo muy famosa. La meditación no es parte de ninguna religión, significa explorarse, explorar los aspectos más profundos de uno mismo y finalmente conduce al Centro de Consciencia Interior. En cuanto haya una bifurcación, una mezcla con otra cosa, entonces no es meditación, lo que hay es perturbación. Si se medita de forma correcta nada negativo puede perturbar.

Muchas religiones occidentales tienen miedo de la palabra "meditación". Lo que la meditación significa es un viaje sin movimiento. Habitualmente en todos los viajes por el mundo hay que moverse e ir hacia delante. La meditación es un viaje sin movimiento y, sin embargo, se va hacia delante. Lo primero es aprender a sentarse. La Biblia dice: "Permanece en quietud y sabrás que Soy Dios". ¡Qué grandes son estas palabras y qué sencillas! Sin embargo, ¡cuan difíciles de poner en práctica! ¿Cómo se puede llegar a conocer a Dios?. La forma más fácil es mirar hacia dentro, estar dentro y encontrar el mundo divino interior. La cuestión es cómo permanecer en quietud. ¿Qué es esta quietud?. Si se os ata a un árbol no os podréis mover, pero, ¿permaneceréis en quietud?. Lo que esta frase de la Biblia significa es que sin estar en quietud no podéis conocer la Verdad. Esta es la cuestión. Así que lo primero es aprender cómo permanecer en quietud.

Pero los que leen la Biblia no practican esto, nadie quiere permanecer en quietud. Ninguna religión enseña esto. En mis viajes he visitado muchas iglesias pero los que van a ellas no saben permanecer en quietud. Me preguntaron y les dije que esto es lo que había aprendido en el Himalaya. "¡Ah! sí" dijeron, "pero Vd. es hindú". Les contesté que un swami es un swami y que no es ni hindú, ni cristiano, ni musulmán, no pertenece a ninguna religión, está más allá de todas. Admiro al Cristianismo, pero sin el "iglesianismo". Me encanta el Islam, pero sin el fanatismo. Amo el Hinduismo con sus grandes Escrituras de inmensa riqueza espiritual, pero nadie las lee, ni las sigue. Estas religiones están recubiertas del polvo del tiempo y no nos ayudan, no sirven para la vida diaria. Hemos de aprender a entender la vida con todas sus corrientes y contracorrientes.

Cuando fui a Salt Lake City, me invitaron unos monjes a su monasterio y tuvimos unas conversaciones muy sinceras. Donde sea que me inviten comparto la alegría. Les pregunté a estos monjes si estudiaban la Biblia y si la practicaban y dijeron que sí. Entonces les pregunté que cuántos habían seguido el consejo de Jesús de poner la otra mejilla. Ninguno lo había hecho. Entonces les dije que les daba veinticuatro horas para que reflexionaran. Me dijeron: "Pero Vd. no es cristiano". Mi contestación fue: "¿Cómo lo sabéis?. Tal vez soy un buen cristiano. Así que mañana decidiremos quien es un verdadero cristiano y quien no". Al día siguiente me confesaron que no lo sabían y les dije: "Es una cuestión bien sencilla ¿Quién es el hombre que pone la otra mejilla?. Un niño sentado en las rodillas de su padre le pega en la cara y el padre le presenta la otra mejilla. Nadie hace esto excepto como padre o madre. Es muy simple". Lo entendieron. Sólo un gran Amor permite recibir golpes sin que pase nada. Esto es lo que quiere decir. La práctica es lo que falta en las religiones, es por eso que nadie, nadie en absoluto, sigue su religión.

La enseñanza de la meditación es sistemática y por eso les gusta a los científicos. El método de la meditación también ha de ser sistemático. Si no, si es abrupto, si está teñido de algún mito religioso, entonces podría ser una forma negativa de meditación y entonces uno entra en contacto con su propia negatividad. Esto quiere decir que el método no es sistemático. Se trata de seguir sistemáticamente el viaje hacia dentro, un viaje sin movimiento. En este viaje hay que permanecer quieto. Aprender a estar sentado en quietud, a esto se llama meditación. Conviene prepararse para aprender a no moverse.

Desde la infancia uno ha aprendido a moverse. Nadie enseña a permanecer en quietud. Pero la ciencia del yoga sí. Durante unos minutos diarios todos deberían aprender a practicar esta quietud. Es muy terapéutico.

Unos pocos minutos de meditación, luego de oración y finalmente de contemplación. Quince o veinte minutos de meditación os ayudará todo el día. Pero si meditáis un día sí y una semana no, no es bueno porque no hay comida que baste para una semana. Confucio dice que si uno no medita de forma regular y se salta un día, lo que se salta es todo un año de progreso. Hay que aprender a meditar todos los días. Todas las alegrías que hayáis experimentado hasta hoy, no son nada en comparación con la que se deriva de la meditación. Se trata de ir a la fuente y de salir de allí con toda esta alegría. Así que: aprended a meditar.

Patañjali, el codificador de la ciencia del yoga y un gran maestro de meditación, daba a sus estudiantes la instrucción: *Satu deergha Kale nairantarya satkara sevito dhrudda bhumi* ("¡Oh! estudiante, aprende a sentarte cada día a la misma hora"). ¿Por qué?. porque así os resultará más fácil formar el hábito. Hoy vuestra mente fluye por ciertos surcos y entonces cada día seguirá fluyendo por estos surcos y no sabéis qué hacer con vuestra mente. Es un viejo hábito y no sabéis cómo cambiarlo. Muchas veces sabéis que un hábito no es bueno, pero lo seguís. Bebéis alcohol, sabéis que os perjudica pero no podéis dejarlo, ¿por qué?. Porque la mente fluye por los surcos del hábito. ¿Qué hacer pues?. Tenéis que crear nuevos surcos para que la mente fluya por ellos en vez de por los surcos viejos. Entonces la mente deja de ir en aquella dirección y va por ésta. Las acciones repetidas crean surcos en vuestra mente. Así que la meditación es un esfuerzo consciente. Enfocad vuestra mente hacia dentro. Es muy agradable. Lo que os lleva a la negatividad se llama sugestión o hipnosis, no meditación. Tal es la diferencia. Por ejemplo, os repetís: "Dormir, dormir, dormir", esto es auto-sugestión. Si vuestro doctor os dice: "Ahora estás durmiendo, estás durmiendo, estás durmiendo", esto se llama hipnosis. O bien alguien te hipnotiza o te hipnotizas a ti mismo.

Preparaos. Por la mañana, sentaos unos minutos. Dejad a los miembros de la familia saberlo. Esto influye en los niños. ¿Sabéis que si se graban las ondas mentales de un niño que duerme mientras meditáis, se notan cambios?. Hasta vuestros animales domésticos y vuestras plantas están influenciados por vuestra meditación. Es algo muy potente que emite buenas vibraciones hacia todo y todos. No se puede tratar con dureza a nadie justo después de meditar, de modo que es bueno para la relación entre la pareja, entre padres e hijos. Hay un gran abismo hoy día entre los padres y los hijos adolescentes. El error proviene de los padres, no de los hijos, porque quieren controlarlos y éstos quieren crecer de forma independiente. Este abismo generacional existe, pero cuando aprendáis a meditar, tal vez entendáis, porque entonces os entenderéis a vosotros mismos y así entenderéis mejor a los demás. Esto no ocurre ahora porque no os entendéis a vosotros mismos. Así que, por favor, empezad a meditar.

Habláis de silencio ¿Os habéis dado cuenta de lo que es el silencio?. Muchas madres dicen a sus hijos o incluso a su marido: "Estaos quietos. Estoy harta. Dejadme en paz." Todo ser humano quiere estar solo de vez en cuando. Esto no crea soledad. La soledad es muy peligrosa y es ignorancia. Estar solo significa, en cambio, estar consigo mismo y esto es agradable.

¿Por qué no regular el día y decidir no salir de casa sin meditar antes, durante unos minutos diarios?. Hay algunos ejercicios importantes llamados ejercicios sin movimiento. Podéis hacerlos en casa y en vuestro dormitorio. Aunque seáis muy vagos podéis hacerlos. También dad atención a vuestra dieta, haced algunos ejercicios de respiración y luego meditad. La última parte de la meditación se llama verdadera oración. La meditación es una oración compacta.

¡Ahora bien! ¿Qué es la meditación?. ¿Sobre quién se medita?. Es una técnica muy sencilla. Primero aprended a sentaros erguidos en una postura cómoda y mantened cabeza, cuello y tronco en línea recta. Si no os resulta cómodo sentaros en el suelo, podéis sentaros en una silla con las manos en las rodillas. Suavemente cerrad los ojos y de forma sistemática scanead el cuerpo de los pies a la cabeza. Vuestra mente os dirá qué parte de vuestro cuerpo está tensa. Descubriréis que hay alguna tensión física que se relaciona con vuestra mente, con vuestras emociones. Así que podéis relajar cada parte del cuerpo de forma sistemática, desde los dedos de los pies, hasta la coronilla. Después atended a vuestra respiración. Meted el abdomen hacia dentro al exhalar porque esto ayuda al diafragma a expulsar el dióxido de carbono, el aire ya gastado. Al exhalar sentid que exhaláis todos vuestros problemas, preocupaciones y sufrimientos. Al inhalar sentid cómo recibís energía del ambiente. Luego dejad de pensar en la respiración y en la mente, id más allá y vigilad vuestros procesos de pensar. Un pensamiento viene y se va. Dejad que se vaya. Aprended a observar. Sed vigilantes. Así descubriréis que estos pensamientos que provienen del fondo de la mente, no os afectan. Estos pensamientos provienen de la parte inconsciente de vuestra mente, donde habéis almacenado muchas impresiones de vuestra vida diaria. Durante la meditación vuestra mente y sistema nervioso, vuestros músculos y todos los tejidos y células de vuestro cuerpo tienen un perfecto descanso. Así la meditación es una técnica que os lleva más allá de la observación de los pensamientos. Pero incluso si no podéis ir más allá, el hecho de sentaros y estar quietos es muy sano. Cualquier método de meditación es una gran ayuda, es muy sano y muy, muy útil. Aprended a sentaros en quietud y enseñad a vuestros hijos a hacerlo también.

Aprender a meditar significa aprender a explorar las dimensiones de vosotros mismos que os resultan desconocidas. Hay muchos aspectos de vuestra personalidad que no conocéis. En realidad sois maravillosos. Cualquier aspecto que se considere malo no es vuestro. Ha venido de fuera. En cambio todo lo bueno es vuestro. Pensad en esto porque es verdad. Aprender a meditar es sano, terapéutico y tranquilizador.

La alegría mayor en la tierra es la meditación. Después de disfrutar de todas las alegrías mundanas, ¿cómo os sentís?. Cansados. ¿Qué hacéis?. Os vais a la cama diciendo que necesitáis relajaros. ¿Qué clase de alegría es ésta que os cansa?. Cuando un tonto se duerme ¿acaso se despierta sabio?. No, se despierta igual de tonto. Pero si un tonto se pone a meditar, se convertirá en sabio a la larga. De modo que hay una diferencia entre dormir y meditar. Dormir es un acto inconsciente en el cual una parte de vosotros obtiene descanso, pero otra parte no. Es por eso que os sentís cansados, sentís una pérdida de energía.

Así que, si conscientemente aprendéis a ir más allá de este estado que se llama sueño sin sueño, esto es meditación y es maravilloso. No tenéis que marcharos de vuestra casa, ni que ir a ningún monasterio o ver a un swami o a un gurú. Tan sólo aprended a sentaros donde sea en vuestra casa y así regulad vuestra vida durante unos minutos por la mañana y por la tarde. Haced que sea parte de vuestro plan de vida, os ayudará mucho. Incluso si tan sólo imitáis el proceso, os será útil. Supongamos que no estáis meditando, que sólo estáis sentados en quietud, el sistema nervioso autónomo y los músculos más tenues descansarán. Cuando una madre se sienta a meditar, su hijo viene y se sienta, imitándola. ¿Creéis que el niño medita?. No. Sin embargo, os aseguro que este niño medita mejor que su madre. Hasta la imitación de la meditación es muy útil. Haced esfuerzos conscientes para tener control sobre vuestra mente, es sano y terapéutico, os pondrá en contacto con esta dimensión de la vida que no conocéis habitualmente. No salgáis de casa sin antes haber meditado unos minutos.

La meditación es muy fácil siempre y cuando aprendáis a meditar de manos de alguien que se ha entrenado a meditar. La meditación tiene dos propósitos. Hay un depósito en el ser humano que se llama Kundalini en las Escrituras y hay una técnica que se llama: la aplicación de sushumna. Si habéis aprendido varias formas de respiración, pero no habéis aprendido a aplicar sushumna, no es de gran ayuda. Sushumna significa: sukha mana, ("la mente alegre"). Aplicar sushumna significa crear una condición para la mente de modo que se vuelva llena de alegría y esté anhelando ir hacia dentro en vez de hacia fuera. La mente ha formado el hábito de ir hacia fuera, al mundo de los objetos y así no quiere ir hacia dentro, hacia un mundo sin objetos. Con la meditación se dirige la mente hacia dentro, se hace un viaje sin movimiento. Cuando lo logréis, experimentaréis una gran alegría. No necesitáis estar sentados todo el día, ni ser un swami, ni un yogui. Antes de salir de casa por la mañana y al volver por la tarde-noche, tras haber cumplido con vuestros deberes, a ser posible a esta hora del crepúsculo, en la que el día se une con la noche, momento llamado sandhya en sánscrito, podéis sentaros unos minutos y aprender a entender, a reconciliaros, a ir hacia este silencio en el cual podéis recibirlo todo.

Lo primero es aprender a hacer que el cuerpo esté quieto. Algunas veces encontraréis que el cuerpo se rebela. Cuando llegué por primera vez a Occidente, me pidieron que fuera a hablar a la universidad de Los Ángeles. Encontré que todos mis oyentes se movían con una especie de extraños temblores. Pregunté qué pasaba y el profesor me dijo que era porque se les había despertado la Kundalini. Decidí que lo mejor era decirles la verdad y les aseguré que esto no tenía nada que ver con la Kundalini. Este poder o energía, latente en el ser humano, cuando se despierta pasa por varios centros del cuerpo y esto es demostrable científicamente. Hay todo un sistema para eso y ciertamente no tiene absolutamente nada que ver con drogarse y alucinar. Algunos de estos estudiantes lo entendieron y estuvieron de acuerdo, otros se fueron porque eran drogadictos. No vayáis nunca por el camino de la alucinación.

Si no hay nada que os turbe, entonces estáis meditando. Si hay turbación, alucinación, expectativas o deseos, entonces no estáis meditando. Las señales o síntomas de que se medita son la quietud, la felicidad y el gozo pleno. Por ejemplo, os lleváis mal con alguien de vuestra familia, pero si meditáis os relacionaréis mejor con él. Los que se meten fácilmente en peleas deberían aprender a meditar.

Intentáis esconder vuestra inseguridad a base de llevar ropa a la última moda, a base aparentar, pero dentro estáis muertos de miedo. Existe este doble aspecto en vuestra personalidad. Así nadie os puede conocer realmente. Vuestra parte verdadera no la conocéis. Tenemos todos tres partes: nuestro Verdadero Ser que no conocemos; otra parte hecha de lo que llamamos nuestras debilidades, que no queremos que los demás conozcan; y la tercera parte es la máscara que llevamos puesta. Por ejemplo, en el baño, desnudo y a solas, os sentís libres. Para presentaros ante los miembros de la familia lleváis una bata. Pero para salir, para ir a una boda, lleváis ropa de última moda que es como un disfraz. Si cada día tuvierais que llevar esta ropa, no os sentiríais libres. No os gustan todas estas imposiciones que hay de llevar esto o lo otro. Estáis jugando un papel en el mundo exterior, pero, ¿os hace felices?. En el fondo sentís que algo se os escapa. En realidad, lo que necesitáis es entenderos a vosotros mismos en todas las dimensiones y para que esto ocurra hay que aprender a ir hacia dentro porque esto no os lo enseña nadie.

Decís que lleváis meditando mucho tiempo y que no ha ocurrido nada. Esto no es posible, no es verdad, porque va en contra de la Ley y de la ciencia. Si tiráis una piedra, ¿no va a caer sobre algo?. No es posible que se esfume en el aire. Cuando hacéis algo, forzosamente recogéis el fruto. Si estáis meditando de veras, es forzoso que os beneficie. Pero, en realidad, ¿qué hacéis?. Os sentáis y os ponéis a pensar en lo mal que se ha portado quien sea con vosotros. Lo que hacéis no es meditar, aunque lo llaméis así. Todo lo que no habéis resuelto, os viene a la mente en cuanto os sentáis a meditar. Una vez coloqué una cámara oculta y dije a veinte estudiantes que se pusieran a meditar. En un solo minuto la expresión de sus caras cambió un montón de veces porque estaba afectada por sus pensamientos. Cuando os sentéis a meditar, determinad que no dejaréis que nada os perturbe. La oración os da esta fuerza. Pedid: "Señor dame fuerza, ayúdame", y luego empezad a meditar manteniendo la espalda recta y atendiendo a la respiración por unos instantes. Es un método que os lleva hacia dentro, de lo denso a lo sutil y luego a aspectos aún más sutiles de vuestra entidad. Si hacéis esfuerzos sinceros, descubriréis que los estorbos del principio, como movimientos del cuerpo y de la mente, poco a poco desaparecen. El cuerpo se queda quieto, la respiración es serena y la mente se va calmando. Un negocio, por ejemplo, si lo hacéis a medias no puede resultar bien, la meditación tampoco.

¿Cómo se relaciona vuestra alma individual con el alma cósmica?. Si entendéis la filosofía de la vida, os resultará fácil practicar y entender el papel de la vida individual en la sociedad y luego el propósito que vuestra vida tiene aquí y ahora. Queréis que Dios, el Ser de todo, se vuelva real para vosotros. Un ser humano es grande porque Dios reside en él, vive en él, porque la Verdad más Absoluta está en él. Así por dónde sea que vaya, esta Verdad, Dios, va con él. Pero el ser humano sufre porque no se da cuenta de esto, no ha alcanzado su plena Realización. Todo sufrimiento deriva de esta carencia.

Había un viudo que se sentía tan sólo que se dedicaba a beber. Una vez ya se hacía de noche y como no había vuelto a casa, su hijo se preocupó, fue a buscarle al bar y le pidió que se fuera a casa. El padre dijo: " Cuando se vayan estas dos personas que están allí, me iré". El hijo le contestó: "Sólo hay una". En su intoxicación este hombre veía dos en vez de uno.

Detrás de todas vuestras caras hay Uno sólo. Percatarse de esta Unidad, estar libre de intoxicación, esto es meditar. Es la meditación lo que os llevará de la diversidad a la unidad. Esta diversidad es como una hipnosis. Tal es la diferencia entre meditación e hipnosis.

Rara vez he hablado en iglesias o templos porque para mí cada ser humano es un templo. Si no veo a Dios en vosotros y luego voy al templo a buscar a Dios, no soy leal ni fiel al Señor. Por eso hablo a los templos vivos que en verdad sois. Mi misión es hacer que os percatéis de que sois cada uno el mayor de todos los templos. Todos estos conflictos que hay en el mundo, todos estos conflictos religiosos, desaparecerán el día en que los seres humanos entiendan la verdadera filosofía de la vida: "Que cada ser humano es un templo vivo". Lo que hay que aprender es a no dañar, a no herir a nadie y cuando todo el mundo lo haya aprendido, entonces será el día de la Iluminación para todos.

No estoy en contra de ir a los templos. Veo los templos, iglesias y mezquitas como centros comunitarios y son esenciales para las comunidades, pero no creo que beneficien espiritualmente porque los seres humanos se ignoran a Sí Mismos tanto fuera como dentro del templo. Puesto que sois templos vivos, ¿qué os puede aportar un templo?. Por favor, no me malinterpretéis. Creo en Dios pero no de la misma forma que la mayoría de los seres humanos. Si queréis ir a ver al Presidente de los Estados Unidos y decís a la puerta de la Casa Blanca: "Soy un mendigo y vengo a ver al Presidente", no os dejarán pasar. Tenéis que realizar vuestro propio Ser antes de conocer el Ser de todos. Esto es la verdad y hay una técnica sistemática para ello. No necesitáis renunciar al mundo y retiraros en el Himalaya para que vuestro Verdadero Ser sea una realidad para vosotros. Cada ser humano es la mayor de todas las maravillas. Lo más extraordinario es que el Infinito reside en vosotros. Sois vasijas limitadas que llevan en sí Lo

Ilimitado. ¿Quién os da el poder de hablar, escuchar y pensar?. Lleváis a Dios en vosotros.

Una vez entendido esto, hay que ser muy práctico y empezar poco a poco. Tan sólo intentad durante dos o tres días no decir lo que no conviene, no hacer lo que no ha de hacerse, ni mantener pensamientos dañinos. Uno de los mejores escritores franceses dijo: "Si una buena idea no se lleva a la práctica, o es un engaño, o es un aborto".

¿Cuál es la meta, el sentido, la finalidad de la vida?. No es ser Dios, ni ver a Dios porque todo es Dios. Las Escrituras más antiguas se llaman los Vedas y en los Vedas se dice: *prajapatischarati garbhe antaryayamana bahudhavidhayate* ("El Señor del universo no creó el universo"). Entonces, ¿cómo llegó el universo a existir?. El Uno se hizo muchos. Se manifestó como universo, no lo creó. ¿Dónde está Dios?. Todo es Dios ¿Por qué buscarlo?. Todo es una manifestación de Dios. ¿Quién puede manifestarse sino es el Uno Absoluto, la Única Realidad?. Con la ayuda de las matemáticas que son la base de la ciencia, se puede llegar a la misma conclusión. Escoged un número, 92 por ejemplo. Este 92 no existiría si no hubiera el 1 en él. Hay sólo un Absoluto y si se repite 92 veces se convierte en 92. Todas las caras humanas son las caras del Absoluto que es Uno. Pero los seres humanos, a causa de la dispersión de su mente, no conocen esta Verdad, van dando vueltas en el mundo en busca de paz, tienen muchas experiencias pero no encuentran la paz.

Os voy a dar ahora una imagen de la sociedad ¿Qué os está pasando?. Vuestra mente, o bien se va a los surcos del pasado o fantasea acerca del futuro. Nunca os encontraréis a vosotros mismos si no conocéis el "ahora", si no sabéis lo que es el presente. Estáis desperdiciando vuestros potenciales humanos porque no estáis entrenados, nadie os ha entrenado, tenéis que entrenaros a vosotros mismos. ¿Qué hacéis en vuestra vida diaria?. posponéis vuestra felicidad porque no sabéis estar en el presente.

¿Qué es lo que le falta a vuestra vida?. Le falta el "ahora". Conocéis la palabra y su significado, pero no sabéis lo que es por experiencia, porque vuestra mente queda atrapada en las experiencias pasadas y las proyecta sobre el futuro. ¿Existe algún método que os ayude a estar aquí y ahora?. Saber esto es importante. Ni Dios ni nadie os puede ayudar a estar aquí y ahora. Sois vosotros mismos los que tenéis que aprender lo que "ahora" significa. "Ahora" es parte de la eternidad. ¿Qué ocurrirá en cuanto lleguéis a conocer el "ahora?" Entonces conoceréis el pasado, el presente y el futuro y así estaréis libres. Quien no conoce el "ahora" no puede conocer nada por muchas cosas que sepa y por mucho que hable.

No necesitáis buscar al profesor. Cuando un estudiante está preparado, el profesor aparece, sino no. Aunque el profesor esté aquí, no lo veis. *Kabira beech bazarme chaliyo laptay dekana hara chalegaye pankhilyo uttay.* ("Un diamante estaba en la cuneta recubierto de polvo. Nadie le hacía caso pensando que era un trozo de vidrio que tenía cierto brillo. Pero un joyero pasó por allí, supo inmediatamente lo que era y lo recogió"). Cuando estéis preparados el Profesor en vosotros se manifestará. No os preocupéis del Profesor ni lo busquéis, vendrá. Haced vuestros mejores esfuerzos. No basta con rezar: "Por favor Señor, enséñame la Luz" porque aunque el universo entero rezará por vosotros no veríais la Luz. Para ver la Luz tenéis que abrir los ojos.

Todo ser humano necesita terapia. En el mundo actual no he visto a nadie que no sufra de estrés excepto yo mismo que no tengo tiempo para ello.

Tenéis tiempo para pensar cosas inútiles y por eso sufrís. Tan sólo la técnica no os va a ayudar. Tenéis que construir un concepto.

Cuando vuestro cuerpo esté quieto, notaréis el tumulto interior. Deberíais saber qué hay que hacer entonces. En todos los sistemas se procede paso a paso, así como por una escalera se sube peldaño a peldaño. Cuando se mira el horizonte a través de un ventanuco se llega a la conclusión de que el horizonte es pequeño. Pero viene alguien y os dice que no, que no es así y os lleva al tejado desde donde el horizonte es amplio. Todo depende de vuestra perspectiva, es decir, desde donde estáis mirando. Poco a poco empezad a Trabajar sobre vosotros mismos y llegaréis a subir un peldaño y después otro etc. Me alegraría saber que lo hacéis.

Y hay algo más. Si enciendo una linterna, al principio he de proteger la llama del viento pero es el mismo fuego que con la ayuda del mismo viento puede quemar todo un bosque. Cuando se es débil, se necesita apoyo. Pero cuando uno es fuerte, la adversidad misma es una ayuda. Entonces no hay ninguna negatividad. Al principio necesitáis apoyo moral. Por eso vais a ver a un profesor y consultáis las Escrituras. Las conferencias y las Escrituras os inspiran, pero tan sólo la práctica os sirve y os guía.

Si una habitación permanece a oscuras durante un siglo, ¿cuánto tiempo se tardará en iluminarla?. Un segundo. No es bueno ser derrotista. Mientras creamos en la teoría y no practiquemos, sufriremos. He tenido muchas experiencias en la vida, por eso puedo afirmar que hay un poder invisible que nos ayuda a todos. Si una persona bebe alcohol, tal vez tendrá un accidente. De modo que un accidente es su Karma, su acción. Esto quiere decir que nuestros actos tontos nos llevan a situaciones caóticas. Si aprendemos a actuar con habilidad, con amor y de forma desinteresada; no sufriremos. Por eso mismo se dice: *Svese Karmanya garbha samsidhim labhate Naraha.* ("Todos hemos de aprender a cumplir con nuestro deber y así caminaremos hacia la perfección").

Como seres humanos, ¿lleváis una vida libre o una vida de esclavitud?. Si estudiáis la vida de grandes hombres encontraréis una característica común en la vida de todos ellos: todos actuaban con desinterés. Los que practican, esto es lo primero que practican. Este desinterés significa estar libre de apegos. Hay muchos niveles de libertad. Vivís en dos mundos: el de la naturaleza y el que vosotros mismos os creáis a base de pensar: "Esto es mío y esto no". Este es el que os ata, mientras que el otro no os ata. Así que lo primero es liberarse de este mundo autocreado.

¿Qué es la libertad?. Una forma de libertad consiste en liberarse de la esclavitud de Karma, la acción. Otra forma consiste en liberarse de la confusión mental y la tercera, y mayor de todas, consiste en tener un concepto claro y liberador de la vida. De modo que hay tres pasos, tres niveles de libertad. Empecemos por la que consiste en liberarse de la esclavitud de Karma. Conviene estudiar una ley que es universal, independientemente de la comunidad en la cual vivís. Es la ley de Karma y se enuncia así: *Avasena bhoktavyam Krutam Karma subha subham.* ("Recogerás los frutos de tus acciones"). Todas las Escrituras están de acuerdo en esto.

Un día mi Maestro me hablaba del destino: "Ponte de pie aquí", me dijo. "Ahora levanta un pie del suelo". Lo hice. "Ahora levanta ambos pies". Le dije que no podía y así me enseñó que un 50% de nuestro destino está en nuestras manos y un 50% está en manos de la Providencia. De modo que jugad vuestro papel para que la Providencia os ayude.

Pero, ¿qué solemos hacer?. Nos involucramos tanto que nos olvidamos de nuestros deberes. Un ser humano tiene una enorme capacidad y cuando sea consciente de eso, podrá ser libre y ser el creador de su propio destino. Si no, su destino le lleva a la deriva como una hoja muerta arrastrada por el viento dibuja formas variadas. Esto no es un destino propio de un ser humano. ¿Qué es un ser humano?. Es una entidad perfecta pero todavía incompleta. Si aprende a completarse, entonces no hay nada más elevado.

Vuestro cuerpo está conectado con vuestra mente consciente e inconsciente a través de estos dos guardianes llamados inhalación y exhalación. Cuando la mente consciente, el aliento y el cuerpo se separan de la mente inconsciente y del alma, a esto se llama muerte. A esta separación se la llama muerte. Después de muerto mantenéis todos vuestros recuerdos y todos vuestros deseos en vuestra mente inconsciente. Es como un vehículo que os lleva porque seguís siendo un individuo. Si le quitáis la funda a la almohada o la cubierta a un libro, ¿acaso estos objetos se van?. No, siguen allí. El alma es inmortal. Es como una ola en un inmenso océano de bienaventuranza. Viene del océano, es océano y desaparece en el océano. No se va a ninguna parte. Hay muchos deseos escondidos en la mente inconsciente y son ellos la causa de la nueva encarnación en el mundo. Nos hacen volver porque necesitan verse satisfechos y para volver necesitamos una mente consciente, un aliento y un cuerpo y todo eso lo volvemos a tener. El día en el que dejemos el vehículo de la mente inconsciente, alcanzaremos la plena libertad. Mientras, seguimos siendo individuos. Así como cada uno lleva ropa de distinto color según su deseo, así recibimos un cuerpo según nuestros deseos. Y las relaciones que establecemos también dependen de nuestros deseos.

En sánscrito hay dos palabras: renacimiento y reencarnación. En cambio en otros idiomas ambos se llaman: nacimiento. Las dos palabras en sánscrito son: *janma* y *shrishti*. ¿Qué es *janma*?. Es *janit pradhurbhave* ("No me veis, salgo y me veis"), esto es renacimiento o *janma*, es decir, "de lo desconocido a lo conocido y de lo conocido a lo desconocido". Se pasa por dos verjas, una se llama nacimiento y la otra muerte. Ahora, ¿qué es la reencarnación?. En esta vida queremos servir. Tras examinar todos los aspectos de la vida, un día uno decide que servir de forma desinteresada a la humanidad es el mayor de todos los deberes. Este deseo también os vuelve a traer a la tierra y esto se llama reencarnación. Es cuando uno dice: "No quiero ser liberado, no quiero ser egoísta. Si me libero y otros siguen en la esclavitud ¿de qué sirve?. No quiero vivir así. Voy a volver y servir a todos". El servicio desinteresado es la verdadera oración. Entonces no se espera nada, tan sólo se sirve. ¿Por qué?. Porque ésta es la única manera de liberar a los demás. La reencarnación es para este ser humano que no tiene deseos para si mismo, sino que quiere servir y conducir a los demás. Hay seres humanos que se reencarnan para ayudar a los pueblos.

¿Cómo liberarse de la esclavitud universal de Karma?. Es un hecho que recogemos lo que sembramos. Aunque Jesús no lo enseñó, tampoco lo negó. Se pierde un montón de tiempo mascullando acerca de Karma y la reencarnación. Si uno piensa en el pasado se pierde el presente. Hay muchos caminos y todos llevan a la misma cumbre.

Un ser humano no puede vivir sin hacer Karma, es decir, sin actuar y entonces recoge los frutos, los cuales le incitan a llevar a cabo más acciones y así, indefinidamente. El ser humano se crea un torbellino del cual no puede salir. ¿Hay algún modo de llevar a cabo acciones sin que te esclavicen?. Si, lo hay. Si se lubrifica el propio Karma con amor, entonces no hay problema. Uno está estresado, piensa que su pareja no le escucha; la otra persona piensa lo mismo y ambos viven en el estrés que ellos mismos crean. Pero si se cambia la actitud, no hay este estrés que es la causa mayor de muerte hoy día. ¿Por qué estáis estresados?. En un matrimonio cada uno quiere controlar al otro, pero, ¿por qué quieres controlar a los demás?. Esto sucede todo el tiempo en las familias y se llama vida y amor familiar. Sin embargo, sólo puede haber armonía en una familia si hay un entendimiento de un nivel más alto.

Un ser humano que vive en la esclavitud es un esclavo y no puede pensar correctamente ¿Cómo entonces liberarse?. Si cumplo con mi deber y ofrezco a los demás los frutos de mis acciones, soy libre. Entonces, ¿dónde está el error?: en no hacer rendición de los frutos de las propias acciones. ¿Por qué hacéis una caridad?. ¿Para que se sepa?. ¿Para limpiar el ego?. ¿Para recibir más después?. Hacéis una caridad, pero estáis reteniendo algo. Entregad los frutos y sed libres.

Así no hay esclavitud. Y esto es una familia verdadera: el marido sirve a la mujer, ella a su marido y ambos a sus hijos y éstos a otros. Así la familia es un núcleo que está hecho para irradiar amor. Hay que empezar por lo más inmediato: el propio hogar.

Después de liberarse de la esclavitud, necesitamos otra liberación: de la confusión creada por la mente. ¿Sabéis lo que es la confusión?. Es un exceso. Si uno tiene veinte cosas que hacer, empieza la confusión. Evitad tener tanto que hacer que no sabéis ni por donde empezar. Pongamos una Ley en práctica:

No cabe duda de que todas las cosas del mundo son para vosotros, disfrutadlas, pero recordad que no son vuestras, que no os pertenecen, que no son vuestras posesiones; así no os apegaréis a ellas. Decidid esto cada mañana: Disfrutar pero no poseer. Así no sentiréis apego. Todas las cosas del mundo pertenecen a la Providencia. Os son dadas. Utilizadlas, pero no os apeguéis. Recordad que jamás nada puede ser vuestro. Así os liberaréis. Practicad cada día al menos una vez y comprobad cuánto disfrute experimentáis.

Otra cuestión ¿Por qué tenéis miedo los unos de los otros?. Las Escrituras dicen: Dvitiyadvai bhayam bhavati. Tenemos miedo porque pensamos que somos diferentes los unos de los otros. Pero en cuanto sabemos que todos somos Uno, que sólo hay Uno, que no hay otro, entonces dejamos de tener miedo. Por ejemplo, una parte de nuestro cuerpo no daña a otra porque ambas pertenecen al mismo cuerpo. El día en que entendamos que todos somos la misma y única Realidad, desaparecerán todos nuestros conflictos. No vivimos conforme a la realidad y por eso sufrimos. Este sufrimiento lo creamos nosotros y entonces, ¿cómo puede Dios ayudarnos?. Si le pedimos que cambie nuestra mente no puede ser porque sólo nosotros mismos la podemos cambiar. Tiene que haber esfuerzos humanos. Cuando los esfuerzos estén hechos y no podáis hacer más, entonces pedid ayuda y la Providencia os ayudará.

La libertad viene paso a paso. Pero a veces viene de golpe como en el caso de Valmiki o de San Pablo porque la Gracia no tiene límite. Pero la Gracia viene cuando habéis cumplido con vuestra misión en la vida, cuando habéis hecho todos los esfuerzos. En las antiguas Escrituras llamadas los Vedas, se habla de un gran sabio llamado Karnava. Karnav significa: "uno que clama". Hizo todos los esfuerzos pero en vano. Entonces clamó: "Señor, he hecho todo lo que he podido" Y de repente se Realizó. Hagamos todo lo que podamos, sin tener expectativa de resultado. Resultados habrá porque cada acción trae una reacción.

Tras el día, viene la noche y después de cada noche llega un nuevo día. Eso es así de siempre. Estamos en la noche, esperando el día. Preparémonos con esperanza. Poco a poco seguiremos la Luz y no la oscuridad. Siempre hay esperanza y tenemos que vivir con esperanza. Es por eso que los Upanishads dicen: *Uttishatata jagrata praptavaranya bodhasa* ("Despierta, permanece despierto y alcanza este Conocimiento que es liberador"). Todos los grandes hombres vienen en su momento, hacen su labor y se van; es una labor de equipo. Krishna dio un mensaje acorde con su tiempo. Mahoma dio un mensaje diferente, pero no hay conflicto ni diferencia, porque todos ellos han venido a iluminarnos, a ayudar a la humanidad.

Seguramente habéis oído hablar de dos grandes hombres en Occidente: Darwin y Huxley. No creían en Dios, pero eran grandes hombres. Un sacerdote no lo entendía así y quiso saber qué les había pasado después de morir. Así que se fue al paraíso donde no aparecieron en ninguna lista. Después se fue al infierno. Allí vio una puerta magnífica, mejor que la del paraíso, y un hermosísimo jardín. Entonces preguntó si eso era el infierno o el paraíso, el guardián de la puerta le contestó: "Vaya vd. y pregunte a Huxley y Darwin, están paseando por el jardín". El sacerdote entró y se acercó a ellos preguntando, tras saludarles, si eso era el infierno o el paraíso. Le contestaron: "Cuando llegamos sí que era el infierno, pero con todo nuestro poder e inteligencia lo transformamos en paraíso".

Cualquier persona creativa puede convertir el infierno en paraíso. Este es el secreto. Tenéis que hacerlo, lo podéis hacer, lo deberíais hacer. El infierno y el paraíso están aquí. Pongámonos a crear esta armonía, esta sinfonía, a base de entender la vida, a base de entendernos mutuamente, a base de aprender a amarnos unos a otros, de cumplir con nuestros deberes, de hacer bien a nuestros vecinos y a la humanidad entera. De nuevo digo: "Seres humanos, sois Dios, aprended a ser buenos seres humanos. Haced este esfuerzo".

Me crió un gran hombre, un sabio de Bengala que vivió muchísimos años en las montañas. Tal vez no vuelva a haber un yogui como él en dos o tres siglos. No le alabo porque era mi Maestro. Era un hombre de gran Sabiduría y Conocimiento. En mi niñez me quedé huérfano y mi Maestro me llevó con él, me hizo educar en universidades modernas y también en monasterios del Himalaya. Mi creencia es que los seres humanos necesitamos entrenamiento, si no, desperdiciamos nuestro tiempo y energía pensando en cosas inútiles y olvidamos lo que Somos. Mi Maestro solía decir: "Ocúpate de ti. Conócete a todos los niveles. Conoce tu modo de pensar, de respirar, de relacionarte con el mundo exterior, esto te ayudará y te impedirá malgastar tu tiempo". Lo último que mi Maestro me dijo fue: "Te mando a Occidente para que compartas el Conocimiento. Recuerda que este Conocimiento no es tuyo. Eres sólo un transmisor".

Mi Maestro me educó desde que tuve tres años. Un niño que no tenía ninguna familia. Me educó y nunca me pegó ni quiso coger nada de mí, ni siquiera un vaso de agua. Un día lloré y me preguntó por qué. "Porque nunca has querido que te sirva". El se echó a reír. Me fui por las montañas y vi un precioso loto azul, lo arranqué y se lo llevé a mi Maestro. Pero él entonces lloró diciendo: "Has matado a un hijo de la naturaleza ¿Por qué, tú que eres hijo mío, has hecho esto?". Desde entonces nunca acepto flores, vengan de donde vengan y nunca corto flores. Mi Maestro me dijo: "Ve hacia el mundo y enseña a los estudiantes con el mismo celo que yo te enseñé". Esto es mi dakshina, mi "regalo de amor". Hago todo lo que puedo y a veces fallo, a veces lo logro.

Lo que creo siempre es que hay que mantener un estado alegre a base de recordar el nombre del Señor. ¿Sabéis lo que Guru Nanak Dev dijo?: *Nanak dukhiya sab sansara sukhiya soyjo nam adhara* ("Nadie ha visto a Dios ¡Oh Nanak! El mundo entero está en un estado de caos; bienaventurado aquel que recuerda el nombre del Señor en cada aliento").

Rezo a la Divinidad en vosotros. Os doy las gracias, pero todas las alabanzas van al Señor de la Vida. Un ser humano no es digno de tal alabanza.

Y si de estos labios al estar aquí
habéis oído algo desagradable
Perdonadme y olvidad.
Ahora adiós a todos
Paz, Paz, Paz.

La Respiración Diafragmática

Aunque respirar es una de nuestras funciones vitales más importantes, es algo que no se comprende bien y a menudo no se realiza correctamente. La mayoría de la gente respira de manera fortuita y superficial, en contra del movimiento rítmico natural del sistema respiratorio. La respiración diafragmática, sin embargo promueve un ritmo de respiración natural que fortalece el sistema nervioso y relaja el cuerpo.

El músculo principal de la respiración diafragmática, el diafragma, es un músculo fuerte, horizontal, en forma de tambor. Divide la cavidad torácica que contiene el corazón y los pulmones de la cavidad abdominal que contiene los órganos de la digestión, reproducción y excreción. El diafragma está colocado aproximadamente dos dedos por debajo de los pezones en su posición relajada y convexa. Es ligeramente más alto por el lado derecho (entre la cuarta y la quinta costilla) que en el lado izquierdo (entre la quinta y la sexta costilla). En la parte central, el diafragma está colocado en la parte baja del esternón. Los "rectus abdominus" los dos fuertes músculos verticales del abdomen, trabajan junto al diafragma en la respiración diafragmática. Durante la inhalación el diafragma se contrae aplanándose, empuja ligeramente hacia abajo causando la relajación de los abdominales superiores que se ensanchan y de las últimas costillas flotantes que tienden a extenderse ligeramente hacia fuera. En esta posición los pulmones se expanden creando un vacío parcial que atrae el aire hacia la cavidad torácica. Durante la exhalación el diafragma se relaja volviendo a su posición convexa. Durante este movimiento ascendente, los músculos altos abdominales se contraen y el dióxido de carbono es expulsado de los pulmones.

La respiración diafragmática tiene tres efectos importantes en el cuerpo:

1. En la respiración diafragmática a diferencia de en la respiración superficial, los pulmones se llenan totalmente, aportando una provisión suficiente de oxígeno.

2. La respiración diafragmática expulsa el producto de deshecho del proceso respiratorio, el dióxido de carbono, de los pulmones. Cuando se respira de manera superficial, algo de dióxido de carbono queda atrapado en los pulmones, causando cansancio y nerviosismo.

3. El suave movimiento ascendente y descendente del diafragma masajea los órganos abdominales; esto incrementa la circulación hacia estos órganos, lo que mejora su funcionamiento.

En la respiración diafragmática un esfuerzo mínimo se utiliza para recibir la máxima cantidad de aire, por lo cual es la manera más eficiente de respirar.

Técnica:

Tumbaos de espaldas con los pies separados de modo que os encontréis cómodos. Suavemente cerrad los ojos y colocad una mano en la base de las costillas y la otra sobre el pecho.

Inhalad y exhalad a través de los orificios nasales, despacio, suavemente, sin ruido ni tirones ni pausas en la respiración. Cuando inhaléis sed conscientes de los músculos abdominales superiores que se estiran y de las costillas flotantes que se expanden ligeramente. El movimiento del pecho debe ser inapreciable.

Practicad este método de respiración profunda entre tres y cinco minutos diariamente, hasta que dominéis el movimiento del diafragma y de los músculos altos del abdomen. El cuerpo está pensado para respirar diafragmáticamente, como se puede observar claramente en un recién nacido. Tiene que volver a ser algo natural y espontáneo.

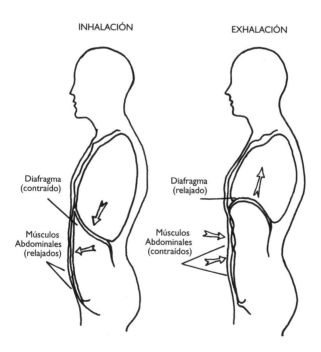

Apendice B

Yoga Nidra

Yoga Nidra es un método sencillo que consiste en algunos ejercicios mentales y de respiración. Para practicarlo, tumbaos boca arriba, en un lugar tranquilo y sin interferencias, usando una almohada y tapándoos con una manta. La superficie ha de ser dura y la almohada blanda. Comenzad a respirar diafragmáticamente, después de veinte inhalaciones y exhalaciones, cuando inhaléis visualizad una ola ascendente y cuando exhaléis visualizadla volviendo al océano. Después de diez o quince respiraciones el *"shavayatra"* o ejercicio de los sesenta y un puntos debería ser realizado correctamente.

Entonces aprended a despojaros de vuestros pensamientos, sentimientos y deseos pero teniendo cuidado de no llegar al límite del sueño. El espacio en el centro del pecho, que se llama "Anahata Chakra", es el centro en el que la mente descansa durante esta práctica. La mente debería estar únicamente enfocada en la inhalación y en la exhalación. Mientras se exhala, la mente y la respiración se coordinan de manera perfecta. La mente observa cómo la inhalación y la exhalación se suceden armoniosamente. Cuando la respiración no tiene que pasar por el estrés de los tirones y la inhalación superficial y no hay alargamiento inconsciente de la pausa entre la inhalación y la exhalación, entonces se establece una armonía. Los principiantes, por falta de práctica, son atrapados por la inercia y en la mayoría de los casos llegan al borde del sueño. Esto siempre debe ser evitado. No se debe continuar la práctica en este estado, lo mejor es despertar y repetir el mismo proceso al día siguiente. Esta práctica de vaciaros a vosotros mismos y concentraros en la respiración no debe durar más de diez minutos al principio y no debería ser practicada más de una vez al día, para que la mente no adquiera el hábito de repetir inconscientemente la experiencia que realiza de forma consciente. Para crear un hábito de práctica, la regularidad, la puntualidad y una forma sistemática de trabajar han de seguirse al pie de la letra.

Técnica:

Tumbaos boca arriba, en Shavasana; relajaos totalmente por uno o dos minutos. Llevad vuestra atención al entrecejo y concentraos en el punto número uno. Mantened la concentración en este punto uno o dos segundos. De la misma manera continuad concentrándoos en los puntos correspondientes a los siguientes números hasta el treinta y uno.

Repetid el ejercicio dos veces. Practicadlo entre siete y diez días. Cuando seáis capaces de realizar este ejercicio sin dejar a la mente divagar, entonces continuad hasta el punto sesenta y uno.

Practicad el ejercicio de los sesenta y un puntos después de la relajación y antes de Pranayama. El ejercicio puede comenzar por cualquiera de los dos lados, el izquierdo o el derecho, pero ha de ser regular; si empezáis en el torso por el brazo derecho, entonces en las extremidades inferiores también habréis de empezar con la pierna derecha. El ejercicio

de los sesenta y un puntos no debería practicarse si os
encontráis cansados o tenéis sueño.

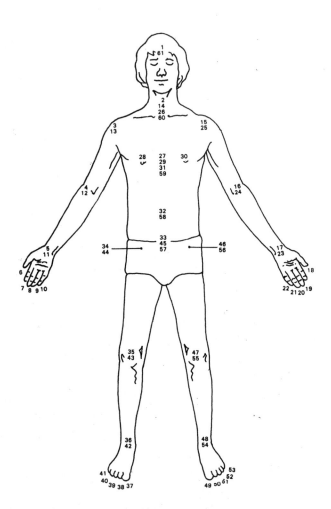

Shavayatra, 61 Puntos

Apendice C

Agni Sara

Agni Sara significa: dar energía al plexo solar, la parte del cuerpo asociada a la digestión. *Agni Sara* también favorece los intestinos, la vejiga y los sistemas nervioso, circulatorio, digestivo y reproductor. De todos los ejercicios, *Agni Sara* es él más beneficioso y, si se dispone de poco tiempo, se puede practicar únicamente éste.

Sólo es posible realizarlo correctamente si distinguimos perfectamente entre las zonas pélvica y abdominal del cuerpo. Abdomen es el término general para la extensa zona que abarca desde el músculo del diafragma hasta la base del tronco. La región abdominal está protegida por dos fuertes músculos, los músculos rectos del abdomen. La parte más baja del abdomen es llamada más específicamente la pelvis. La pelvis se extiende desde una línea ligeramente por debajo del ombligo hasta el hueso púbico. Los músculos de la zona pélvica pueden ser contraídos de forma independiente de los de la zona abdominal por encima del ombligo.

Nota: Por esta razón el ejercicio que aquí explicamos, *Agni Sara*, difiere del que suele ser enseñado en las primeras lecciones de hatha yoga aunque recibe el mismo nombre y al ser una variación más sencilla del *Agni Sara* no produce los beneficios descritos aquí.

Práctica

De pie, con los pies cómodamente separados, las rodillas ligeramente dobladas, descansad el peso del cuerpo con vuestras manos sobre las rodillas. Al exhalar, basculad la zona pélvica hacia dentro y hacia arriba, continuad contrayendo esta zona mientras dura la exhalación. No se debe retener la respiración; si os cansáis o si vuestra respiración se acelera, descansad y respirad normalmente antes de volver a empezar. Empezad con diez respiraciones. Poco a poco, aumentad hasta alcanzar cincuenta respiraciones o más.

Puede llevar algunos meses conseguir el control y la resistencia necesarias para realizar este ejercicio correctamente. No os desaniméis. Vuestros esfuerzos se verán recompensados con una salud excelente.

Apendice D

Aplicación de Sushumna

Para meditar hay que establecer la quietud. Y para ello el sistema es aplicar *sushumna,* un método sencillo para ser consciente de la respiración. Para empezar el proceso del despertar de *sushumna,* pedid a vuestra mente que se concentre en el espacio entre las fosas nasales y el labio superior.

Concentrad vuestra mente en la respiración cuando el flujo de aire pasa por este punto. Este primer paso para el aprendizaje de la aplicación de *sushumna* consiste en cambiar el flujo de vuestra respiración con vuestra habilidad mental. Para llevar a cabo este proceso tenéis que aprender a crear un punto de relajación en el lado derecho o izquierdo de la nariz. Si un lado está bloqueado, cuando la mente se concentra en él, se activa. Cuando se es capaz de alternar mentalmente el flujo de aire en cada uno de los lados de la nariz, entonces ambos lados empiezan a fluir al mismo tiempo.

Esto puede tardar meses o incluso un año, dependiendo de vuestra capacidad y de la intensidad de vuestro anhelo interior por alcanzarlo. Cuando ambos lados de la nariz fluyen libremente, se llama *sandhya* que es la unión del sol y la luna o de *ida* y *píngala.* Una vez que el estudiante es capaz de mantener esta experiencia cinco minutos, ha superado una gran barrera y la mente ha alcanzado su meta concentrándose hacia dentro.

Cuando ambos lados fluyen a la vez, la mente no se preocupa porque está desconectada de los sentidos. Entonces, la mente alcanza un estado de alegría que le conduce a la meditación profunda.

Acerca del Autor

Swami Rama nació en el Himalaya en 1925. Fue iniciado por su maestro en muchas prácticas de Yoga. Además, su maestro le envió a otros Yoguis y expertos del Himalaya para que adquiriera nuevas perspectivas y percepciones de las antiguas Enseñanzas. A la temprana edad de veinticuatro años fue nombrado Shankaracharya de Karvirpitham en el sur de la India. Swamiji renunció a esta posición para continuar su práctica intensa (sadhana) en las cuevas del Himalaya. Cuando completó con éxito el sadhana, fue enviado por su maestro a Japón y a Occidente, para que se ilustrara en las bases científicas de las antiguas prácticas del yoga. En la fundación Menninger en Topeka, Kansas, Swamiji demostró convincentemente la capacidad de la mente para controlar actos físicos supuestamente involuntarios como los latidos del corazón, la temperatura corporal o las ondas cerebrales.

El trabajo de Swamiji en los Estados Unidos continuó durante veintitrés años y en este periodo fundó el Instituto Internacional del Himalaya de Ciencia y Filosofía del Yoga en EEUU.

Swamiji llegó a ser muy reconocido en los Estados Unidos como yogui, profesor, filósofo, poeta, humanista y benefactorr. Sus modelos de medicina preventiva, salud holística y control del estrés han trascendido a la corriente principal de la medicina occidental.

En 1993 Swamiji volvió a la India donde fundó el Himalayan Institute Hospital Trust en las estribaciones del Himalaya, en Garhwal. Swamiji abandonó el plano físico en Noviembre de 1996, pero las semillas que esparció continúan brotando, floreciendo y dando frutos. Sus enseñanzas encarnadas en las palabras: "Ama, Sirve y Recuerda" continúan inspirando a los muchos estudiantes que tuvieron la suerte de conocer a este hábil sabio, desinteresado y amante maestro.

Himalayan Institute Hospital Trust

El Himalayan Institute Hospital Trust fue fundado por Swami Rama en 1989. Continúa creciendo a causa de su gracia extraordinaria.

Incluye uno de los mejores y más modernamente equipados hospitales de Asia, una facultad de medicina con un nivel muy alto, una escuela de enfermería, clínicas móviles y centros satélites para atender a muchos pueblos remotos. Es único su enfoque en medicina preventiva y curativa, y en el desarrollo de un nuevo patrón de educación médica y cuidados sanitarios, incorporando la base espiritual de la vida, a la salud y la tecnología más avanzada.

Y lo más importante: muchos de los quince millones de habitantes de la región que han sufrido, con muy pocos o ningún cuidado médico, pueden ahora esperar con ilusión su acceso a los modernos servicios médicos, para ellos y sus familias.

Para más información:
Himalayan Institute Hospital Trust
Swami Rama Nagar, P.O. Doiwala
Distt. Dehradun 248140, Uttaranchal, India
Tel: 91-135-412081 Fax: 0135-412008
hihtpb@sancharnet.in; www.hihtindia.org

Swami Rama Foundation of the USA, Inc.

La Fundación Swami Rama de EEUU es una organización registrada, sin ánimo de lucro y exenta de impuestos, comprometida con la orientación del sabio hindú Swami Rama. La Fundación se estableció para proporcionar ayuda financiera y apoyo técnico a las instituciones e individuos preparados para poner en práctica esta orientación dentro y fuera de EEUU. La esencia de la posición de Swami Rama se basa en tender un puente entre la ciencia occidental y la sabiduría oriental mediante la integración de mente, cuerpo y espíritu.

Para el contacto de información:

Swami Rama Foundation of the USA, Inc.
2410 North Farwell Avenue
Milwaukee, Wisconsin 53211
USA
phone: 414-273-1621
info@swamiramafoundation.us
www.swamiramafoundation.us

VIAJE SAGRADO
Vivir con Propósito y
Morir en Gracia

Swami Rama

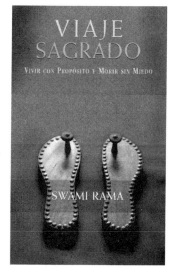

"Para entender la
muerte, un ser humano ha
de intentar entender el
propósito de la vida y la
relación entre la vida y la
muerte. Ambas son afines,
cada una le proporciona
un contexto a la otra. La
muerte no es un periodo sino tan sólo una pausa en
un largo viaje. Cuando se acepta que la vida y la
muerte tienen un verdadero sentido y un propósito,
y cuando se entiende y se acepta la muerte como
parte del viaje humano, entonces el miedo a la
muerte desaparece y se puede vivir la vida
plenamente."

Este libro trata de la relación entre la vida y la
muerte, del "cómo y porqué" organizar la propia
vida de una manera que conduzca a la expansión, al
crecimiento, y que sea útil para prepararse hacia la
transición que se llama muerte.

ISBN 8-188157-06-6, $12.95, paperback, 139 pages

Available from your local bookseller or:
To order send price of book plus $2.50 for 1st book and
.75 for each additional book (within US) (Wi.res. add 5.5%
sales tax) to: Lotus Press, PO Box 325, Twin Lakes, WI
53181, USA; Toll Free: 800-824-6396; Phone: 1-262-889-856
Fax: 1-262-889-246; lotuspress@lotuspress.com
www.lotuspress.com

La Esencia de la Vida Espiritual

una guía que acompaña al que busca

Swami Rama

"El camino de la meditación y de la espiritualidad no significa retirarse del mundo por frustración o por miedo, sino que es un proceso hábil para aprender a estar en el mundo pero por encima del mundo. Se puede vivir en el mundo y sin embargo ser espiritual. No necesitas renunciar al mundo."

La colección concisa de las enseñanzas de Swami Rama sirve de guía práctica para el que busca la espiritualidad. La práctica espiritual lleva al aspirante hacia experiencias interiores de divinidad que le permiten alcanzar la meta de la vida.

.

ISBN 8-188157-07-4, $12.95, paperback, 152 pages

Available from your local bookseller or:
To order send price of book plus $2.50 for 1st book and .75 for each additional book (within US) (Wi.res. add 5.5% sales tax) to: Lotus Press, PO Box 325, Twin Lakes, WI 53181, USA; Toll Free: 800-824-6396; Phone: 1-262-889-856 Fax: 1-262-889-246; lotuspress@lotuspress.com www.lotuspress.com

Dejad que el Brote de vida Florezca

una guia para criar niños sanos y felices

Swami Rama

"Si los padres dieran total atención a sus hijos en su primera infancia, les cuidasen con amor y les dejasen crecer según sus tendencias innatas, en nuestra sociedad habría muchos seres geniales y creativos, seres con capacidad para amar, compartir y darse cuenta de la realidad de la coexistencia—la filosofía de "vive y deja vivir"—. Si transmitimos esta filosofía a nuestros hijos, oirán el sonido de la paz y habrá paz de verdad, aquí, allí y en todas partes".

En *Dejad que el Brote de Vida Florezca* nos da una visión práctica y oportuna acerca de cómo establecer la base de una vida feliz por medio de una infancia feliz. Integrando lo mejor de nuestros valores tradicionales con los nuevos descubrimientos, es posible educar a los hijos para que lleguen a ser adultos sanos y creativos.

ISBN 8-188157-20-1, $12.95, paperback, 104 pages
Available from your local bookseller or:
To order send price of book plus $2.50 for 1st book and .75 for each additional book (within US) (Wi.res. add 5.5% sales tax) to: Lotus Press, PO Box 325, Twin Lakes, WI 53181, USA; Toll Free: 800-824-6396; Phone: 1-262-889-856 Fax: 1-262-889-246; lotuspress@lotuspress.com www.lotuspress.com

Conscious Living

An Audiobook for Spiritual Transformation

Swami Rama

This 5-CD set is a collection of lectures that Swami Rama gave in Singapore in 1991 and 1992. Recorded live, they capture the essence and inspiration of Swamiji's public speaking style. His book, *Conscious Living: A Guidebook for Spiritual Transformation* is derived from nine of the lectures he presented in Singapore. Five of those lectures are included in this new audiobook.

Volume one: Prayer, Meditation, Contemplation, 56.40 minutes
Volume two: Freedom from Stress, 57.45 minutes
Volume three: Creative Use of Emotions, 62.01 minutes
Volume four: Mind and its Modifications, 45.31 minutes
Volume five: The Goal of Life, 43.08 minutes

ISBN 8-188157-18-X, $29.95, 5-CD audiobook

Available from your local bookseller or:
To order send price of book plus $2.50 for 1st book and .75 for each additional book (within US) (Wi.res. add 5.5% sales tax) to: Lotus Press, PO Box 325, Twin Lakes, WI 53181, USA; Toll Free: 800-824-6396; Phone: 1-262-889-856 Fax: 1-262-889-246; lotuspress@lotuspress.com
www.lotuspress.com